最新法律文件解读丛书

行政与执行法律文件解读

XINGZHENG YU ZHIXING FALÜ WENJIAN JIEDU

人民法院出版社　编

总第 236 辑　2024.08

人民法院出版社

图书在版编目（CIP）数据

行政与执行法律文件解读. 总第236辑 / 人民法院出版社编. -- 北京 : 人民法院出版社, 2025. 1.
(最新法律文件解读丛书). -- ISBN 978-7-5109-4382-9

Ⅰ. D922.105

中国国家版本馆CIP数据核字第2024520E03号

行政与执行法律文件解读·总第236辑

人民法院出版社　编

责任编辑　丁塞峨

出版发行　人民法院出版社

地　　址　北京市东城区东交民巷27号　邮编　100745

电　　话　(010)67550656(责任编辑)　67550558(发行部查询)

65223677(读者服务部)

客服QQ　2092078039

网　　址　http://www.courtbook.com.cn

E - mail　courtbook@sina.com

印　　刷　三河市国英印务有限公司

经　　销　新华书店

开　　本　787毫米×1092毫米　1/16

字　　数　115千字

印　　张　8

版　　次　2025年1月第1版　2025年1月第1次印刷

书　　号　ISBN 978-7-5109-4382-9

定　　价　28.00元

卷首语

为贯彻落实党的二十大和二十届二中全会精神，落实党和国家机构改革精神，完整、准确、全面贯彻新发展理念，加快构建新发展格局，着力推动高质量发展，国务院对涉及的行政法规进行了清理，于 2024 年 3 月 10 日公布《国务院关于修改和废止部分行政法规的决定》，为方便读者理解与把握，本辑“行政法规、法规性文件与解读”栏目收录了该决定及其答记者问。

2024 年 10 月 30 日，最高人民法院、最高人民检察院公布《最高人民法院、最高人民检察院关于办理拒不执行判决、裁定刑事案件适用法律若干问题的解释》，对于确保人民法院判决、裁定依法执行，切实维护当事人合法权益，具有重要意义。本辑“司法解释、司法指导性文件与解读”栏目重点收录了该司法解释及其解读，从制定背景、主要原则、主要内容、贯彻实施等四个方面，帮助读者准确理解并适用。

为切实促进行政争议实质化解，充分发挥典型案例的宣传教育和示范引领作用，最高人民法院分两批发布人民法院实质化解行政争议典型案例。2024 年 10 月 25 日发布第一批，主要围绕人民法院通过认真分析纠纷成因，精准把握当事人实质诉求，聚焦案件实质争议，推进行政争议实质化解。本辑“指导案例、典型案例与解读”栏目收录了人民法院实质化解行政争议典型案例（第一批），为各级法院办理类案提供重要参考。

最新法律文件解读丛书
编 辑 部

兰丽专 （010） 67550626

丁丽娜 （010） 67550608

杨晓燕 （010） 67550508

杨 洁 （010） 67550562

路建华 （010） 67550660

丁塞峨 （010） 67550656

投稿邮箱：

《刑事法律文件解读》 5184621@ qq. com

《民事法律文件解读》 1216921515@ qq. com

《商事法律文件解读》 shangshijiedu@ 126. com

《行政与执行法律文件解读》 1290312696@ qq. com

目录

行政法规、法规性文件与解读

司法解释、司法指导性文件与解读

指导案例、典型案例与解读

新类型疑难案例选评

最新立法司法动态

行政法规、法规性文件与解读

国务院

关于修改和废止部分行政法规的决定

（2024 年 2 月 2 日国务院第 25 次常务会议通过
2024 年 3 月 10 日中华人民共和国国务院令第 777 号公布
自 2024 年 5 月 1 日起施行）

为贯彻落实党的二十大和二十届二中全会精神，落实党和国家机构改革精神，完整、准确、全面贯彻新发展理念，加快构建新发展格局，着力推动高质量发展，国务院对涉及的行政法规进行了清理。经过清理，国务院决定：

一、对 8 部行政法规的部分条款予以修改。（附件 1）

二、对 13 部行政法规予以废止。（附件 2）

本决定自 2024 年 5 月 1 日起施行。

附件：1. 国务院决定修改的行政法规

2. 国务院决定废止的行政法规

附件 1

国务院决定修改的行政法规

一、将《教学成果奖励条例》第七条、第八条、第九条、第十条中的“国家教育委员会”修改为“国务院教育行政部门”。

二、删去《中华人民共和国计算机信息网络国际联网管理暂行规定》第六条第一款中的“邮电部”。

第七条第一款中的“邮电部、电子工业部、国家教育委员会”修改为“国务院电信主管部门、教育行政部门”。

三、将《不动产登记暂行条例》第一条、第二十九条中的“《中华人民共和国物权法》”修改为“《中华人民共和国民法典》”。

第六条第一款、第七条第三款、第八条第二款、第二十三条第一款、第三十四条中的“国土资源主管部门”修改为“自然资源主管部门”。

第二十四条第一款中的“农业、林业、海洋等部门”修改为“农业农村、林业草原等部门”。

第二十五条中的“国土资源、公安、民政、财政、税务、工商、金融、审计、统计等部门”修改为“自然资源、公安、民政、财政、税务、市场监管、金融、审计、统计等部门”。

四、将《中华人民共和国人类遗传资源管理条例》第四条第一款、第五条第二款、第九条第三款、第十一条、第十四条、第十五条第三款、第十七条、第二十二条、第二十六条至第三十七条、第三十九条至第四十三条、第四十五条中的“国务院科学技术行政部门”修改为“国务院卫生健康主管部门”。

第四条第二款、第十七条、第二十二条第二款、第三十三条至第三十五条、第三十九条、第四十三条、第四十五条中的“省、自治区、直辖市人民政府科学技术行政部门”修改为“省、自治区、直辖市人民政府人类遗传资源主管部门”。

第三十八条中的“科学技术行政部门”修改为“人类遗传资源主管部门”。

五、将《外国企业常驻代表机构登记管理条例》第三十三条第一款第三项中的“海关、外汇部门出具的相关事宜”修改为“海关出具的相关事宜”。

六、删去《中华人民共和国标准化法实施条例》第二十九条第一款、第三十五条、第三十六条、第四十三条。

删去第三十二条中的“或给予责任者行政处分”、第三十三条第三款中的“给予行政处分，并可”。

第三十三条第四款修改为：“本条规定的责令停止生产，由有关行政主管部门决定；其他行政处罚由市场监督管理部门决定。”

七、将《企业信息公示暂行条例》第二条、第五条第一款、第六条第一款、第七条、第八条第一款、第十条第二款、第十三条第一款、第十四条、第十五条、第二十四条中的“工商行政管理部门”修改为“市场监督管理部门”。

第五条第一款、第六条第一款、第七条第二款、第八条第一款、第十条第一款、第十四条第三款、第十五条第二款、第二十四条第一款中的“企业信用信息公示系统”修改为“国家企业信用信息公示系统”。

增加一条，作为第十六条：“市场监督管理部门对涉嫌违反本条例规定的行为进行查处，可以行使下列职权：

“（一）进入企业的经营场所实施现场检查；

“（二）查阅、复制、收集与企业经营活动相关的合同、票据、账簿以及其他资料；

“（三）向与企业经营活动有关的单位和个人调查了解情况；

“（四）依法查询涉嫌违法的企业银行账户；

“（五）法律、行政法规规定的其他职权。

“市场监督管理部门行使前款第四项规定的职权的，应当经市场监督管理部门主要负责人批准。”

第十七条改为第十八条，修改为：“企业未按照本条例规定的期限公示年度报告或者未按照市场监督管理部门责令的期限公示有关企业信息的，由县级以上市场监督管理部门列入经营异常名录，并依法给予行政处罚。企业因连续2年未按规定报送年度报告被列入经营异常名录未改正，且通过登记的住所或者经营场所无法取得联系的，由县级以上市场监督管理部门吊销营业执照。

“企业公示信息隐瞒真实情况、弄虚作假的，法律、行政法规有规定的，依照其规定；没有规定的，由市场监督管理部门责令改正，处1万元以上5万元以下罚款；情节严重的，处5万元以上20万元以下罚款，列入市场监督管理严重违法失信名单，并可以吊销营业执照。被列入市场监督管理严重违法失信名单的企业的法定代表人、负责人，3年内不得担任其他企业的法定代表人、负责人。

“企业被吊销营业执照后，应当依法办理注销登记；未办理注销登记的，由市场监督管理部门依法作出处理。”

第十八条改为第十九条，将其中的“严重违法企业名单”修改为“市场监督管理严重违法失信名单”。

增加一条，作为第二十条：“鼓励企业主动纠正违法失信行为、消除不良影响，依法申请修复失信记录。政府部门依法解除相关管理措施并修复失信记录的，应当及时将上述信息与有关部门共享。”

八、将《中华人民共和国货物进出口管理条例》第八条第一款、第三十三条第一款中的“对外贸易法第十七条”修改为“对外贸易法第十六条”，第十条第一款、第三十五条第一款中的“对外贸易法第十六条”修改为“对外贸易法第十五条”，第五十七条中的“对外贸易法

第十六条、第十七条”修改为“对外贸易法第十五条、第十六条”。

删去第六十四条、第六十六条中的“国务院外经贸主管部门并可以撤销其对外贸易经营许可”，第六十五条、第六十八条中的“国务院外经贸主管部门并可以暂停直至撤销其对外贸易经营许可”，第六十七条中的“国务院外经贸主管部门可以暂停直至撤销其对外贸易经营许可”。

第六十八条中的“工商行政管理机关”修改为“市场监督管理部门”。

此外，对相关行政法规中的条文序号作相应调整。

附件 2

国务院决定废止的行政法规

一、中华人民共和国劳动保险条例（1951 年 2 月 26 日政务院公布 1953 年 1 月 2 日政务院修正公布）

二、煤炭送货办法（煤炭工业部、铁道部修订　1965 年 12 月 6 日国务院批转）

三、合理化建议和技术改进奖励条例（1982 年 3 月 16 日国务院发布　1986 年 6 月 4 日国务院修订发布）

四、基准气候站观测环境保护规定（国家气象局制定　1985 年 12 月 18 日国务院办公厅转发）

五、水利电力部门电测、热工计量仪表和装置检定、管理的规定（1986 年 5 月 12 日国务院批准　1986 年 6 月 1 日国家计量局、水利电力部发布）

六、全民所有制工业企业厂长工作条例（1986 年 9 月 15 日中共中

央、国务院发布　根据2011年1月8日《国务院关于废止和修改部分行政法规的决定》修订）

七、关于实行技师聘任制的暂行规定（1987年6月6日国务院批准　1987年6月20日劳动人事部发布）

八、全民所有制工业交通企业设备管理条例（1987年7月28日国务院发布）

九、全民所有制工业企业承包经营责任制暂行条例（1988年2月27日国务院发布　根据1990年2月24日《国务院关于修改〈全民所有制工业企业承包经营责任制暂行条例〉第二十一条的决定》第一次修订　根据2011年1月8日《国务院关于废止和修改部分行政法规的决定》第二次修订）

十、全民所有制小型工业企业租赁经营暂行条例（1988年6月5日中华人民共和国国务院令第2号发布　根据1990年2月24日《国务院关于修改〈全民所有制小型工业企业租赁经营暂行条例〉第二十二条的决定》修订）

十一、全民所有制工业企业转换经营机制条例（1992年7月23日中华人民共和国国务院令第103号发布　根据2011年1月8日《国务院关于废止和修改部分行政法规的决定》修订）

十二、中华人民共和国水土保持法实施条例（1993年8月1日中华人民共和国国务院令第120号发布　根据2011年1月8日《国务院关于废止和修改部分行政法规的决定》修订）

十三、中央预算执行情况审计监督暂行办法（1995年7月19日中华人民共和国国务院令第181号发布）

司法部、国家市场监督管理总局有关负责人就《国务院关于修改和废止部分行政法规的决定》答记者问

2024年3月10日，《国务院关于修改和废止部分行政法规的决定》（以下简称《决定》）已公开发布，为帮助大家更好地了解相关情况，司法部、国家市场监督管理总局（以下简称市场监管总局）有关负责人回答了记者提问。

问：我们注意到，《决定》修改内容很多，涉及机构改革、行政执法等多个领域。请介绍一下，此次修改、废止部分行政法规有哪些特点和成效？

答：这次修改和废止部分行政法规，遵循一个总体思路是，落实党和国家机构改革精神，进一步推进政府职能转变，优化处罚方式，做好与上位法的衔接，使行政法规更加符合社会实际需要。按照这个思路，对《决定》可以从四个方面来理解和把握：一是突出优化政务服务。《决定》删去了外国企业常驻代表机构登记管理条例中关于外国企业申请代表机构注销登记时需提交外汇部门证明文件的规定，也就是说，今后企业需要提交的材料更加精简了，这既适应了当前管理的工作实际，也有利于提升服务质效，增强经营主体的获得感。二是注重规范监管执

法。针对标准化法实施条例，根据修改后的标准化法和国务院关于清理工作的要求，删去条例中关于对有关责任者给予行政处分的规定，进一步提升监管执法的精细化、规范化水平。针对企业信息公示暂行条例，赋予执法人员行政检查手段，加强对企业信息公示违法行为的监管，强化法律义务的落实，防止“劣币驱逐良币”。三是适应行政管理需要。修改调整教学成果奖励条例、计算机信息网络国际联网管理暂行规定、不动产登记暂行条例、人类遗传资源管理条例中有关机构名称，切实落实党和国家机构改革精神，适应当前我国行政管理体制实际，使行政机关能够依法有效实施行政管理。同时，让人民群众更加及时准确地找到相应部门，为更好保护公民、法人或者其他组织的合法权益提供更加坚实的法治保障。四是强化法律法规衔接配套。根据民法典、对外贸易法等法律规定，对不动产登记暂行条例、货物进出口管理条例等行政法规的有关规定进行相应修改；废止煤炭送货办法等13部已不适应当前经济体制变化、改革发展实际需要以及有关领域工作实际的行政法规，使我们的法律体系更加和谐、更加完备。

问：我们注意到，《决定》修改了企业信息公示暂行条例，有对企业失信及修复失信记录的修订和增加条款，还有对监管的细化要求等。能否给我们详细介绍一下关于这个条例的修改内容以及背景和主要思路？

答：信用是市场经济的基石，经营主体越讲信用，交易就越安全，经济运行成本就越低，市场就越活跃。企业信息公示制度是促进企业诚信自律、提高政府监管效能、保障市场公平竞争的重要制度。党中央、国务院高度重视信用体系建设、维护良好市场秩序。习近平总书记多次强调要建立健全以信用为基础的新型监管机制。条例作为规范企业信息公示、强化企业信用约束的行政法规，施行以来成效显著。在政府层面，有效转变监管理念，创新监管方式，提高监管效能。在市场层面，有效提升企业自律意识，推进交易信息透明，降低制度性交易成本。随着我国经济社会不断发展，条例也出现了一些不适应形势发展变化的问题，难以满足目前信用体系建设和信用监管实际需要。因此，有必要对条例进行修改。此次修改条例，总体思路是加强经营主体信用体系建设，进一步发挥信用在创新监管机制、提高监管能力方面的基础性作用。坚持问题导向。对企业信息公示和信用监管中各方面反映突出的问题予以回应。坚持促进发展。从激发企业活力和保障交易安全的角度，进一步规范企业信息公示行为，营造诚实守信的市场环境。修改的内容主要包括三个方面：一是建立企业信用修复制度。支持企业便捷高效重塑信用，推动修复结果共享互认。规定鼓励企业主动纠正违法失信行为、消除不良影响，依法申请撤销失信记录。政府部门依法解除相关管理措施并撤销失信记录的，应当及时将上述信息与有关部门共享。二是完善企业退出机制。为推动解决存量“僵尸企业”有序退出市场，结合监管执法实际，规定企业因连续两年未按规定报送年度报告被列入经营异常名录未改正，且通过登记的住所或者经营场所无法取得联系的，由县级以上市场监督管理部门吊销营业执照。三是强化监督管理和法律责任。赋予执法人员行政检查手段，规定市场监管部门对违法行为进行查处，可以采取现场检查、查阅资料、了解情况、查询账户等措施，强化事中事后监管，同时严格规范执法人员履职程序。加大对信息公示违法行为的处罚力度，对于企业公示信息隐瞒真实情况、弄虚作假的，明确了相应的法律责任。

问：企业信息公示暂行条例是以信用为基础的新型监管机制的重要法规支撑和制度保障，作为市场监管领域全面加强信用监管的主要力量，请问市场监管总局在推动构建这种新型监管机制方面的工作进展情况如何？成效有哪些？

答：市场监管总局按照党中央、国务院决策部署，持续推动构建以信用为基础的新型监管机制，突出体现在聚焦经营主体信用体系建设中心任务，以企业信用提升为主线，以信息归集公示为基础、以信用约束惩戒为重点，以双随机监管为抓手、以信用风险分类为依托，持续发挥信用赋能高质量发展的作用，以信用环境的改善，推动市场环境、营商环境、发展环境持续向好向优。具体从四个方面来看：一是强化信用助企服务，发展环境持续向好。市场监管总局持续推进经营主体信用体系建设，提升企业诚信守法水平。部署全国开展信用提升行动，实施信用培育，推广信用承诺，2023年，助力2400多万户经营主体以承诺方式取得许可或修复信用。在国家企业信用信息公示系统公示企业信誉信息，提升守信企业获得感。推动成立了企业信用同盟，实现社会协同共治。完善信用修复机制，市场监管总局和国家发展改革委进一步加强了信用修复协同联动，支持失信主体便捷高效重塑信用。超过2200万户经营主体实现信用修复，依法解除了他们在招投标、投融资、授予荣誉称号等方面的限制，释放了经营主体的活力。二是丰富信用监管工具，营商环境不断优化。总局推进年报精细化管理，改革个体工商户年报，深化“多报合一”，切实减轻企业负担，近五年全国企业年报率均达91%以上。发布中国企业信用指数，打造企业信用趋势“晴雨表”。编纂中国企业信用年鉴，全景展示企业信用状况。已经归集117.71亿条涉企信用信息，市场监管总局与18个中央部门和单位实现涉企信用信息共享共用，服务协同监管。开展信用监管数据质量全面提升行动，探索建立信用监管标准体系，夯实信用监管基础。市场监管总局推动共建“信用京津冀”，赋能区域协同发展，服务国家重大战略。三是实施信用风险分类，市场监管更加精准。深化“双随机、一公开”监管，推进跨部门综合监管，推行“一业一查”。2023年，全国市场监管系统共抽查企业475.6万户，通过抽查对企业做到了监管“无事不扰、无处不在”。全面实施企业信用风险分类管理，推动分类结果在“双随机、一公开”监管中常态化运用，使抽查问题发现率平均提高了51.9%，最高提高了近两倍，实现了精准监管。特别是实现了把信用风险分类结果应用与食品、特种设备专业领域监管深度融合。探索信用风险监测预警机制，防范化解安全风险。四是强化失信行为治理，信用环境有效改善。市场监管总局组织开展了严重违法失信行为专项治理行动，实施“五个一批”，具体就是通过重点排查一批线索、集中查处一批案件、强力惩戒一批失信主体、曝光一批典型案例、形成一批制度机制成果，构建“一处失信、处处受限”的信用惩戒格局。同时，通过国家企业信用信息公示系统，依法及时公示违法失信信息。截至2024年2月底，通过公示系统公示的行政处罚信息893万条、经营异常名录972万户、严重违法失信名单9923户。国家企业信用信息公示系统得到社会各界的广泛欢迎，访问量、应用范围都很广，日均访问量突破1.31亿人次，日均查询量超过1600万人次，有效发挥了失信曝光、社会监督的作用。下一步，我们将坚持以习近平新时代中国特色社会主义思想为指导，全面贯彻党中央、国务院决策部署，以企业信息公示暂行条例修改为契机，加快构建以信用为基础的新型监管机制，扎实推进经营主体信用体系建设，充分发挥市场监管职能作用，多措并举、精准施策，持续打造有利于企业发展的市场化、法治化、国际化一流营商环境，推动经济社会高质量发展。

问：我们注意到，《决定》修改的行政法规中，有几部涉及国务院机构名称的调整。能否介绍一下对此作了哪些修改？有关行政法规规定尚未修改之前，部门职责如何做好衔接？

答：为了切实贯彻落实党和国家机构改革精神，保障和监督行政机关依法有效实施行政管理，《决定》对教学成果奖励条例、计算机信息网络国际联网管理暂行规定、不动产登记暂行条例、人类遗传资源管理条例4部行政法规中有关机构名称作出了修改。例如，根据《第九届全国人民代表大会第一次会议关于国务院机构改革方案的决定》，中华人民共和国国家教育委员会更名为中华人民共和国教育部，“国家教育委员会”这一机构名称已经不再使用，据此，将教学成果奖励条例中的“国家教育委员会”修改为“国务院教育行政部门”。又如，根据党和国家机构改革方案，科技部的组织拟订科技促进卫生健康发展规划和政策职责划入国家卫生健康委，地方政府科技部门职责结合实际进行调整。目前，各地方政府科技部门职责调整情况不尽一致，有的省份将科技部门的这项职责划入卫生健康部门，有的省份相关职责仍保留在科技部门。据此，将人类遗传资源管理条例中的“国务院科学技术行政部门”修改为“国务院卫生健康主管部门”，“省、自治区、直辖市人民政府科学技术行政部门”修改为“省、自治区、直辖市人民政府人类遗传资源主管部门”。关于行政法规修改之前有关部门职责衔接的问题，《国务院关于国务院机构改革涉及行政法规规定的行政机关职责调整问题的决定》（国发〔2018〕17 号）明确规定，现行行政法规规定的行政机关职责和工作，《国务院机构改革方案》确定由组建后的行政机关或者划入职责的行政机关承担的，在有关行政法规规定尚未修改或者废止之前，调整适用有关行政法规规定，由组建后的行政机关或者划入职责的行政机关承担；相关职责尚未调整到位之前，由原承担该职责和工作的行政机关继续承担。根据这一规定，按照《国务院机构改革方案》有关要求，本次修法涉及的有关部门名称和管理职能的调整，具备相应的承接措施和可行的配套措施，能够保证有关部门继续规范有序管理，实现部门职责调整的良好衔接和平稳过渡。

问：本次修改、废止部分行政法规采用了一揽子打包处理的方式，能否简要介绍一下采取这种修法模式的主要考虑？

答：习近平总书记指出，“要研究丰富立法形式，可以搞一些‘大块头’，也要搞一些‘小快灵’，增强立法的针对性、适用性和可操作性。”① 习近平总书记的重要指示为我们进一步加强政府立法工作指明了前进方向，提供了根本遵循。“小快灵”立法模式具有切口小、周期短、形式灵活等特点，有利于聚焦突出问题、重要任务和重点工作，能

---

① 2020 年 11 月 16 日，习近平在中央全面依法治国工作会议上的讲话。

够更好地坚持问题导向、目标导向，做到及时、精准、管用、务实、可操作。一揽子打包修法也属于“小快灵”的一种。这次采取这种模式，主要目的是通过打包方式对修改幅度较小、修改内容比较成熟、各方面意见相对比较一致的行政法规项目进行一揽子修改和废止，在工作流程上更加简便快捷、协同高效，在体例内容上更加灵活务实、精准管用，在自身优势上，既能够维护法规的权威性和相对稳定性，又能快速有效地适应经济社会的变化和改革发展的需求，解决面临的一些新问题或者出现的一些新情况。随着中国特色社会主义法律体系的不断完善，法律法规的修订、废止和解释工作在立法活动中的占比将越来越大，需要统筹各种行之有效的立法方式加以运用，以增强立法的系统性、整体性、协同性、时效性，尤其是要增强它的及时性。在我们的认知里，法律法规条文往往滞后于实践，它是在实践经验的基础上总结制定的。现在我们面临的形势是经济社会发展越来越快、科技进步越来越快，过去的一些法律法规规定经常出现不适应的情形，这时候如何及时有效修改、补充、完善制度，适应实际需要，解决好当前问题，是我们面临的一个重要任务。这种“小快灵”的立法方式恰恰能够应对这个问题。这一段时间以来，司法部坚持“立改废释”并举，用好用足多种方式，在推进“大块头”立法的同时，更加注重“小快灵”立法，切实提高政府立法质效，以高质量立法促进高质量发展。

问：有媒体报道称，一些地方行政执法局随意执法，对商户罚款，引发舆论关注。请问如何避免执法变成“执罚”，维护小微经营者权益？

答：行政执法工作面广量大，关系人民群众的切身利益。党的二十大报告明确要求“全面推进严格规范公正文明执法”“完善行政执法程序”。司法部认真贯彻落实党中央、国务院决策部署，研究起草并报请国务院印发了多个文件，用一系列“实”的举措，规范行政执法，推动解决随意执法等问题。例如，2022 年，国务院办公厅印发《关于进一步规范行政裁量权基准制定和管理工作的意见》，推动行政处罚裁量适当，要求对同一种违法行为，法律、法规、规章规定可以选择处罚种类、幅度，或者法律、法规、规章对不予、免予、从轻、减轻、从重处罚的条件只有原则性规定的，要根据违法行为的事实、性质、情节以及社会危害程度细化量化行政处罚裁量权基准，防止过罚不相适应、重责轻罚、轻责重罚。又如，2023 年，国务院办公厅印发了《提升行政执法质量三年行动计划（2023—2025 年）》，聚焦人民群众反映强烈的运动式执法、“一刀切”执法、简单粗暴执法、野蛮执法等不作为乱作为问题，要求各地区、各部门梳理形成本行政执法领域的执法突出问题清单，开展专项整治和监督行动，强力整治行政执法突出问题。2024 年 2 月，国务院又印发了《关于进一步规范和监督罚款设定与实施的指导意见》，对行政法规、规章中罚款设定与实施作出规范。要求依法科学设定罚款，行政法规、规章新设罚款时贯彻过罚相当原则，倡导对行政处罚法规定的不予处罚和从轻、减轻、从重处罚等情形作出细化规定；要求严格规范罚款实施，坚持严格规范执法、公正文明执法，罚款决定要充分考虑社会公众的切身感受，确保罚款决定符合法理，并考虑相关事理和情理；要求全面强化罚款监督，深入开展源头治理，充分发挥监督合力，拓宽监督渠道，增强监督实效。

问：本次《决定》废止了 13 部行政法规，能否介绍一下废止的考虑？另外，这些行政法规废止以后是否有相应的承接措施？

答：司法部在这次清理中通过书面征求意见、召开立法协调会等形式，会同财政部、国务院国资委等有关单位进行了深入审慎的研究，认为这些行政法规的主要内容已经不适应当前经济体制变化、改革发展需要以及有关领域的实际工作，部分内容存在与上位法不一致，与党中央、国务院决策部署或有关文件要求存在差距的问题，并且有关内容也有其他的法律法规予以规范，有相应的承接措施。例如，这次废止了全民所有制工业企业承包经营责任制暂行条例等 5 部全民所有制工业企业方面的行政法规，主要考虑是：党的十八大以来，党中央、国务院就深化国有企业改革、完善中国特色现代企业制度作出一系列决策部署。随着中国特色社会主义法律体系不断健全，国有企业改革不断深化，《国企改革三年行动方案（2020—2022年）》高质量收官，国有企业公司制改革基本完成，这些行政法规的内容与党的二十大关于“完善中国特色现代企业制度”的精神不相一致，同国有企业全面推进以公司章程为核心、以公司治理制度为支撑、与基础管理制度相配套的制度体系建设的要求已不相适应。同时，这5部行政法规规定的内容已经有民法典、公司法、企业国有资产法、公职人员政务处分法、企业国有资产监督管理暂行条例等法律法规予以规定，废止后不会影响国有企业正常的生产经营活动。因此，此次清理后《决定》废止了这5部行政法规。

问：对于未来，国务院在行政法规的制定和修改方面还有哪些规划和打算？特别是在优化营商环境等方面，我们有哪些可以期待的新举措？

答：在行政法规制定和修改方面，司法部作为国务院法制部门，在接下来的工作中，将立足职能，坚持以人民为中心的发展思想，积极回应人民群众对政府立法工作的新要求、新期待。坚持分类施策、分期分批、精准发力，有序推进行政法规后续修改和废止等工作。一方面，坚持突出重点、急用先行，综合考虑社会关注度、条件成熟度、实践需求等因素，将需要全面修订的行政法规分批列入国务院年度立法工作计划推进落实；另一方面，继续按照“成熟一批、修改一批，成熟一部、修改一部”的原则，尽量采用“小快灵”方式，及时组织开展相关行政法规一揽子修改和废止工作，为贯彻新发展理念、构建新发展格局、推动高质量发展提供有力的法治保障。在优化营商环境方面，司法部将认真贯彻落实党中央、国务院关于建设市场化、法治化、国际化一流营商环境的决策部署，从开展行政法规清理，完善全国统一大市场制度保障、推进法治化营商环境顶层设计、加强营商环境突出问题的法治督察等方面综合发力，充分发挥法治的引领、规范和保障作用。特别是切实加强营商环境方面的法律制度供给，司法部正会同有关部门加快推进民营经济促进法立法进程，聚焦依法保护民营企业产权和企业家权益、公平参与市场竞争、平等使用生产要素、公平执法公正司法等民营企业的核心关切建立和完善相关制度，激发各类经营主体内生动力和创新活力。同时，司法部还将加快推进公平竞争审查条例、保障中小企业款项支付条例等法规项目的制修订工作，从法律和制度上把对各类经营主体依法平等对待的要求落下来，营造稳定、公平、透明、可预期的法治环境。

（来源：国家市场监督管理总局网站）

司法解释、司法指导性文件与解读

最高人民法院　最高人民检察院

关于办理拒不执行判决、裁定刑事案件适用法律若干问题的解释

法释〔2024〕13号

（2024年1月8日最高人民法院审判委员会第1911次会议、2024年7月23日最高人民检察院第十四届检察委员会第三十四次会议通过　2024年10月30日最高人民法院、最高人民检察院公告　自2024年12月1日起施行）

为依法惩治拒不执行判决、裁定犯罪，确保人民法院判决、裁定依法执行，切实维护当事人合法权益，根据《中华人民共和国刑法》《中华人民共和国刑事诉讼法》《中华人民共和国民事诉讼法》《中华人民共和国行政诉讼法》等法律规定，现就办理拒不执行判决、裁定刑事案件适用法律若干问题解释如下：

第一条　被执行人、协助执行义务人、担保人等负有执行义务的人，对人民法院的判决、裁定有能力执行而拒不执行，情节严重的，应当依照刑法第三百一十三条的规定，以拒不执行判决、裁定罪处罚。

本解释所称负有执行义务的人，包括自然人和单位。

第二条 刑法第三百一十三条规定的“人民法院的判决、裁定”，是指人民法院依法作出的具有执行内容并已发生法律效力的判决、裁定。人民法院为依法执行支付令、生效的调解书、仲裁裁决、公证债权文书等所作的裁定属于该条规定的裁定。

第三条 负有执行义务的人有能力执行而拒不执行，且具有下列情形之一，应当认定为全国人民代表大会常务委员会关于刑法第三百一十三条的解释中规定的“其他有能力执行而拒不执行，情节严重的情形”：

（一）以放弃债权、放弃债权担保等方式恶意无偿处分财产权益，或者恶意延长到期债权的履行期限，或者以虚假和解、虚假转让等方式处分财产权益，致使判决、裁定无法执行的；

（二）实施以明显不合理的高价受让他人财产、为他人的债务提供担保等恶意减损责任财产的行为，致使判决、裁定无法执行的；

（三）伪造、毁灭、隐匿有关履行能力的重要证据，以暴力、威胁、贿买方法阻止他人作证或者指使、贿买、胁迫他人作伪证，妨碍人民法院查明负有执行义务的人财产情况，致使判决、裁定无法执行的；

（四）具有拒绝报告或者虚假报告财产情况、违反人民法院限制消费令等拒不执行行为，经采取罚款、拘留等强制措施后仍拒不执行的；

（五）经采取罚款、拘留等强制措施后仍拒不交付法律文书指定交付的财物、票证或者拒不迁出房屋、退出土地，致使判决、裁定无法执行的；

（六）经采取罚款、拘留等强制措施后仍拒不履行协助行使人身权益等作为义务，致使判决、裁定无法执行，情节恶劣的；

（七）经采取罚款、拘留等强制措施后仍违反人身安全保护令、禁止从事相关职业决定等不作为义务，造成被害人轻微伤以上伤害或者严重影响被害人正常的工作生活的；

（八）以恐吓、辱骂、聚众哄闹、威胁等方法或者以拉拽、推搡等消极抗拒行为，阻碍执行人员进入执行现场，致使执行工作无法进行，情节恶劣的；

（九）毁损、抢夺执行案件材料、执行公务车辆和其他执行器械、执行人员服装以及执行公务证件，致使执行工作无法进行的；

（十）其他有能力执行而拒不执行，情节严重的情形。

第四条 负有执行义务的人有能力执行而拒不执行，且具有下列情形之一，应当认定属于“情节特别严重”的情形：

（一）通过虚假诉讼、虚假仲裁、虚假公证等方式妨害执行，致使判决、裁定无法执行的；

（二）聚众冲击执行现场，致使执行工作无法进行的；

（三）以围攻、扣押、殴打等暴力方法对执行人员进行人身攻击，致使执行工作无法进行的；

（四）因拒不执行，致使申请执行人自杀、自残或者造成其他严重后果的；

（五）其他情节特别严重的情形。

第五条 有能力执行是指负有执行义务的人有全部执行或者部分执行给付财产义务或履行特定行为义务的能力。

在认定负有执行义务的人的执行能力时，应当扣除负有执行义务的人及其所扶养家属的生活必需费用。

第六条 行为人为逃避执行义务，在诉讼开始后、裁判生效前实施隐藏、转移财产等行为，在判决、裁定生效后经查证属实，要求其执行而拒不执行的，可以认定其有能力执行而拒不执行，情节严重，以拒不执行判决、裁定罪追究刑事责任。

前款所指诉讼开始后，一般是指被告接到人民法院应诉通知后。

第七条 全国人民代表大会常务委员会关于刑法第三百一十三条的解释和本解释中规定的“致使判决、裁定无法执行”，一般是指人民法院依据法律及相关规定采取执行措施后仍无法执行的情形，包括判决、裁定全部无法执行，也包括部分无法执行。

第八条 案外人明知负有执行义务的人有能力执行而拒不执行人民法院的判决、裁定，与其通谋，协助实施隐藏、转移财产等拒不执行行为，致使判决、裁定无法执行的，以拒不执行判决、裁定罪的共犯论处。

第九条 负有执行义务的人有能力执行而拒不执行人民法院的判决、裁定，同时构成拒不执行判决、裁定罪，妨害公务罪，袭警罪，非法处置查封、扣押、冻结的财产罪等犯罪的，依照处罚较重的规定定罪处罚。

第十条 拒不执行支付赡养费、扶养费、抚养费、抚恤金、医疗费用、劳动报酬等判决、裁定，构成犯罪的，应当依法从重处罚。

第十一条 实施刑法第三百一十三条规定的拒不执行判决、裁定行为，情节显著轻微危害不大的，不认为是犯罪；在提起公诉前，履行全部或者部分执行义务，犯罪情节轻微的，可以依法不起诉。在一审宣告判决前，履行全部或者部分执行义务，犯罪情节轻微的，可以依法从轻或者免除处罚。

第十二条 对被告人以拒不执行判决、裁定罪追诉时，对其故意毁损、无偿处分、以明显不合理价格处分、虚假转让等方式违法处置的财产，应当依法予以追缴或者责令退赔，交由执行法院依法处置。

第十三条 人民检察院应当结合侦查移送情况对涉案财产进行审查，在提起公诉时对涉案财产提出明确处理意见。人民法院应当依法作出判决，对涉案财产作出处理。

第十四条 申请执行人有证据证明同时具有下列情形，人民法院认为符合刑事诉讼法第二百一十条第三项规定的，以自诉案件立案审理：

（一）负有执行义务的人拒不执行判决、裁定，侵犯了申请执行人的人身、财产权利，应当依法追究刑事责任的；

（二）申请执行人曾经提出控告，而公安机关或者人民检察院对负有执行义务的人不予追究刑事责任的。

自诉人在判决宣告前，可以同被告人自行和解或者撤回自诉。

第十五条 拒不执行判决、裁定刑事案件，一般由执行法院所在地人民法院管辖。

第十六条 本解释自2024年12月1日起施行。《最高人民法院关于审理拒不执行判决、裁定刑事案件适用法律若干问题的解释》（法释〔2015〕16号）同时废止。最高人民法院、最高人民检察院此前发布的司法解释和规范性文件与本解释不一致的，以本解释为准。

解读《最高人民法院、最高人民检察院关于办理拒不执行判决、裁定刑事案件适用法律若干问题的解释》

黄文俊　毛立华　向国慧　李宗诚*

2024年10月30日，最高人民法院、最高人民检察院发布了《关于办理拒不执行判决、裁定刑事案件适用法律若干问题的解释》（以下简称《解释》），对于确保人民法院判决、裁定依法执行，切实维护当事人合法权益，具有重要意义。现就《解释》修订的有关情况说明如下。

* 作者单位：最高人民法院执行局。

一、制定背景

（一）贯彻落实中央文件有关要求

中央全面依法治国委员会《关于加强综合治理从源头切实解决执行难问题的意见》（中法委发〔2019〕1号）规定，“加大对拒不执行生效判决、裁定等违法犯罪行为打击力度”，并提出了一系列明确要求。通过制定《解释》，解决统一立案标准、证据采信和法律适用标准问题，有利于有针对性地加大拒执罪打击力度。

（二）做好与刑法修正案（九）的衔接

刑法修正案（九）对拒不执行判决、裁定罪作出修改，增加规定了“情节特别严重”的处罚情节，但司法解释并未明确具体认定标准，导致司法实践难以以“情节特别严重”追究被告人刑事责任，司法实践中亟须明确法律适用标准。

（三）服务经济社会发展大局

当前，债务人不诚信，拒不履行生效裁判确定义务，特别是金融、房地产等领域的逃废债问题，风险不断累积，已经影响经济健康发展，影响发展稳定大局，有必要运用刑事手段予以打击。与此同时，刑事司法在服务保障经济社会发展方面要充分体现谦抑性，防止刑事手段过度干预民事经济活动，保持经济社会发展必要的合理空间和灵活度。

（四）坚持司法实践导向的需要

据统计，2023年，人民法院以拒不执行判决、裁定罪判处罪犯4246人，而2023年全国法院执结执行案件976万件，全国法院来信来访反映有财产拒不履行案件65550件。2024年1月—10月，人民法院以拒不执行判决、裁定罪判处罪犯5289人，打击拒执罪力度有所加强，但总体上看，拒不执行判决、裁定罪的适用处于较低水平，与人民群众对拒不执行判决、裁定的反映相比，打击拒不执行判决、裁定犯罪的力度显得还不够。自2019年全国两会开始，多名全国人大代表、全国政协委员提出建议提案，建议完善拒不执行判决、裁定罪相关制度，加大依法惩治力度。

二、主要原则

《解释》起草过程中，注重坚持以下原则。

（一）坚持正确的政治方向

认真贯彻习近平新时代中国特色社会主义思想，坚持以人民为中心，严厉打击人民群众反映强烈的拒不执行犯罪行为，切实保障胜诉当事人合法权益，维护司法权威和司法公信。

（二）坚持罪责刑相适应原则

认真贯彻宽严相济刑事政策，正确区分罪与非罪的界限，努力实现刑罚的轻重与犯罪分子所犯罪行和承担的刑事责任相适应，做到宽严相济、罚当其罪、不枉不纵。

（三）坚持实践需求、问题导向

针对司法实践中反映的实际情况，重点加强对行为人在裁判生效之前转移、隐藏财产，采用虚假诉讼手段拒不执行等情形的刑事打击，建立健全追赃挽损程序，为司法实践提供有效指引和有力保障。

三、主要内容

《解释》共16条，主要包括以下内容。

（一）明确“其他有能力执行而拒不执行，情节严重”的情形

在《全国人民代表大会常务委员会关于〈中华人民共和国刑法〉第三百一十三条的解释》（以下简称《2002年立法解释》）基础上，《解释》进一步列举了十项“有能力执行而拒不执行，情节严重”的情形。相比《最高人民法院关于审理拒不执行判决、裁定刑事案件适用法律若干问题的解释》（法释〔2015〕16号，以下简称《2015年司法解释》），《解释》主要作了如下修改。

一是增加规定“以放弃债权、放弃债权担保等方式恶意无偿处分财产权益，或者恶意延长到期债权的履行期限，或者以虚假和解、虚假转让等方式处分财产权益，致使判决、裁定无法执行的”和“实施以明显不合理的高价受让他人财产、为他人的债务提供担保等恶意减损责任财产的行为，致使判决、裁定无法执行的”两种情形。主要理由：《2002年立法解释》针对合同法可撤销的情形作出了规定，民法典出台后，进一步丰富了可撤销的情形。因此，《解释》参照《2002年立法解释》，对民法典第五百三十八条和第五百三十九条新增加的可撤销情形作了规定，突出强调行为人主观需具备“恶意”的要件。此外，《解释》还增加规定了“虚假转让”的情形，主要是指恶意串通，将名下财产转移给他人代持以规避执行等行为。此类行为在拒执罪司法实践中较为多见，属于依法打击的重点，有必要单独予以规定。

二是增加规定“经采取罚款、拘留等强制措施后仍拒不履行协助行使人身权益等作为义务，致使判决、裁定无法执行，情节恶劣的”情形。主要理由：司法实践中，行为人藏匿未成年子女拒不移交对方抚养或者拒不配合对方行使探望权的情况并不鲜见。我们认为，对于少数拒不履行抚养权、探视权生效裁判，造成严重后果或者恶劣影响，或者情节十分严重，通过普通强制执行手段仍无法解决的，依照拒不执行判

决、裁定罪依法惩治，不失为解决问题的方式之一。但需要强调的是，对此条款，司法实践中应当慎重适用，不到万不得已，不主张采取刑事手段。对于情节较轻的抢夺、藏匿行为，可以依法给予其他处罚。否则，可能既无助于解决纠纷，也不符合子女的意愿，不利于子女的健康成长，甚至对孩子将来都造成负面影响。

三是增加规定“经采取罚款、拘留等强制措施后仍违反人身安全保护令、禁止从事相关职业决定等不作为义务，造成被害人轻微伤以上伤害或者严重影响被害人正常的工作生活的”情形。该规定主要是与相关司法解释规定保持协调一致。《最高人民法院关于办理人身安全保护令案件适用法律若干问题的规定》（法释〔2022〕17号）第十二条规定：“被申请人违反人身安全保护令，符合刑法第三百一十三条规定的，以拒不执行判决、裁定罪定罪处罚；同时构成其他犯罪的，依照刑法有关规定处理。”此外，《最高人民法院、最高人民检察院、教育部关于落实从业禁止制度的意见》明确，教职员工实施性侵害、虐待、拐卖、暴力伤害等犯罪的，人民法院应当依法判决禁止其从事密切接触未成年人的工作。对违反从业禁止决定情节严重的行为以拒不执行判决、裁定罪定罪处罚，有利于落实上述规定，加强对未成年人的保护。

此外，《解释》还对《2015年司法解释》“情节严重”的情形作了以下修改：一是在第（三）项中增加规定“隐匿”情形，进一步覆盖拒不执行情形；二是在第（五）项中增加规定“经采取罚款、拘留等强制措施后”，更好地区分刑事犯罪与民事纠纷、行政处罚的界限，有利于督促行为人履行相关义务，符合刑法谦抑性原则和宽严相济刑事政策要求；三是在第（八）项中增加规定“以拉拽、推搡等消极抗拒行为，阻碍执行人员进入执行现场，致使执行工作无法进行，情节恶劣的”，体现对社会公共秩序的维护和执行效果效率的要求。

（二）明确“情节特别严重”的情形

《解释》第四条规定了五项负有执行义务的人有能力执行而拒不执行，“情节特别严重”的情形，主要包括通过虚假诉讼、虚假仲裁、虚假公证等方式妨害执行，致使判决、裁定无法执行的；聚众冲击执行现场，致使执行工作无法进行的；以围攻、扣押、殴打等暴力方法对执行人员进行人身攻击，致使执行工作无法进行的；因拒不执行，致使申请执行人自杀、自残或者造成其他严重后果的；以及其他情节特别严重的情形。

《解释》第四条前三项是《2015年司法解释》“情节严重”的三种情形，本次《解释》规定为“情节特别严重”的情形，主要考虑以下几点。

一是符合客观实际情况。《2015年司法解释》出台时，刑法尚未作出增加规定“情节特别严重”的修改，《2015年司法解释》规定的“情节严重”的情形，囊括了司法实践中“有能力执行而拒不执行”的主要情形。在刑法修正案（九）增加规定“情节特别严重”后，客观上需要对《2015年司法解释》规定的情形作适当划分，区分出“情节严重”和“情节特别严重”的情形。

二是该三种情形相较一般的拒不执行、情节严重的情形，情节更为严重，客观上应当作为“情节特别严重”认定。对于第一项“通过虚假诉讼、虚假仲裁、虚假公证等方式妨害执行，致使判决、裁定无法执行的”情形，中央全面依法治国委员会《关于加强综合治理从源头切实解决执行难问题的意见》（中法委发〔2019〕1号）的规定：“加大对以虚假诉讼、虚假仲裁、虚假公证等方式转移财产、逃避执行违法犯罪行为的打击力度”，如此修改，体现了对以虚假诉讼、虚假仲裁、虚假公证等方式转移财产、逃避执行违法犯罪行为的加重处罚，符合中央全面依法治国委员会的部署要求。其他两项情形是聚众或者以暴力手段对抗执行，相比一般拒执犯罪情节，应当作为“情节特别严重”的情形进行处罚。

三是保持刑法相关罪名之间的相互协调，在出现法条竞合时体现量刑幅度上的差异。行为人在构成拒不执行判决、裁定罪的同时，还可能构成虚假诉讼罪、妨害公务罪等犯罪，若仍然作为拒执罪一般量刑情节，相关罪名之间的量刑幅度一致，均为三年以下有期徒刑、拘役、管制或者罚金，司法实践中在出现法条竞合时，就难以择一重罪处罚。

上述三种情况，直接对抗生效裁判，具有相比于一般虚假诉讼罪、妨害公务罪更为严重的社会危害性，也体现了行为人更为严重的主观恶性，作为情节特别严重的情节处罚，厘清了拒不执行判决、裁定罪与虚假诉讼罪、妨害公务罪的区分，能够较为准确地体现量刑幅度上的差别，较好地解决了法条竞合的问题。

（三）明确判决、裁定生效前隐藏、转移财产的，可以构成拒不执行判决、裁定罪

通常情况下，只有在人民法院的判决、裁定生效后，才能确定可供执行的内容，如果人民法院的判决、裁定尚未生效，则当事人之间的权利义务关系尚不确定，行为人的执行依据和执行能力也就无法确定。因此，最高人民法院2016年发布的第71号指导案例毛某文拒不执行判决、裁定案，明确有能力执行而拒不执行判决、裁定的时间从判决、裁定发生法律效力时起算。但在司法实践中，执行人一般不会在判决、裁定生效后才开始实施转移、隐匿财产的行为，这是造成执行难的重要原因，也成为司法实践中拒不执行判决、裁定罪难以追究的重要原因。《刑事审判参考》第125辑刊载的第1396号案例杨某荣、颜某英、姜某富拒不执行判决、裁定案，认为“从时间上看，构成拒不执行判决、裁定罪的行为应当是从裁判生效后开始计算，但在民事裁判生效前，甚至在进入民事诉讼程序前，转移、隐匿财产等行为是否构成拒不执行判

决、裁定罪？我们认为，只要转移、隐匿财产等行为状态持续至民事裁判生效后，情节严重的，即可构成拒不执行判决、裁定罪”。[①] 经认真研究，《解释》第六条第一款原则采纳了《刑事审判参考》第 1396 号案例的意见，规定："行为人为逃避执行义务，在诉讼开始后、裁判生效前实施隐藏、转移财产等行为，在判决、裁定生效后经查证属实，要求其执行而拒不执行的，可以认定其有能力执行而拒不执行，情节严重，以拒不执行判决、裁定罪追究刑事责任。"行为人在判决生效前即隐藏、转移财产，体现了行为人严重的主观恶性，也是拒不执行判决、裁定罪打击的重点，若单纯因为时间起算一般原则的限制而使行为人规避刑事打击，不符合罪责刑相适应原则和立法本意。如此规定，符合刑事主客观相统一原则，符合司法实践的客观需要，有利于精准打击拒不执行判决、裁定犯罪，树立诚实信用的社会风尚。

（四）明确案外人帮助隐藏、转移财产，可以共同犯罪追究刑事责任

司法实践中，拒不执行的被执行人往往并不实际保管财产，其隐藏、转移财产的行为一般需要通过案外人予以协助，如将存款、房产等隐匿至亲属、朋友名下，这也是被执行人隐藏、转移财产的主要方式。而案外人出于私利或者保护被执行人的考虑，往往不配合执行，甚至帮助被执行人逃避执行，对于案外人的行为，应当按照拒不执行判决、裁定罪的共同犯罪追究刑事责任。对此，《解释》第八条规定，案外人明知负有执行义务的人有能力执行而拒不执行人民法院的判决、裁定，与其通谋，协助实施隐藏、转移财产等拒不执行行为，致使判决、裁定无法执行的，以拒不执行判决、裁定罪的共犯论处。

---

① 最高人民法院刑事审判第一、二、三、四、五庭：《刑事审判参考》总第 125 辑，人民法院出版社 2021 年版，第 68 页。

（五）明确从重、从轻情节

关于从重情节，《解释》第十条规定，拒不执行支付赡养费、扶养费、抚养费、抚恤金、医疗费用、劳动报酬等判决、裁定，构成犯罪的，应当依法从重处罚。此处将《2015年司法解释》规定的“可以”修改为“应当”依法从重处罚，体现了对上述关乎基本民生保障费用的特别保护。关于从轻情节，《解释》规定，在提起公诉前，履行全部或者部分执行义务，犯罪情节轻微的，可以依法不起诉；在一审宣告判决前，履行全部或者部分执行义务，犯罪情节轻微的，可以依法从轻或者免除处罚。规定从轻情节，主要是贯彻落实宽严相济刑事政策，在依法打击拒执犯罪的同时，鼓励被执行人积极履行判决、裁定确定的法律义务，促使执行案件得到实际执行。此外，《解释》第十一条还规定，实施刑法第三百一十三条规定的拒不执行判决、裁定行为，情节显著轻微危害不大的，不认为是犯罪。

（六）明确追赃挽损程序

拒不执行判决、裁定罪的客体具有双重性，既侵犯了人民法院生效裁判权威，也侵犯了当事人财产权益。司法实践中，行为人被以拒不执行判决、裁定罪定罪处罚后，当事人财产无法追回的情况较多，人民群众对此反映较为强烈。长期以来，刑事诉讼程序中不太重视涉案财产的处置，即使法律和司法解释作了相关规定后，司法实践中仍然存在刑事判决未能对涉案财产作出全面明确认定和处理的情况。案件进入执行程序后，面对案外人提出的异议，由于判决不够明确，执行程序中认定往往存在更大困难。究其原因，侦查机关、公诉机关在刑事涉案财产处置方面或多或少的缺位，是造成判决未认定或者判决不够明确的重要原因。我国刑法第六十四条规定，犯罪分子违法所得的一切财物，应当予以追缴或者责令退赔；对被害人的合法财产，应当及时返还。因此，

《解释》第十二条、第十三条规定，对被告人以拒不执行判决、裁定罪追诉时，对其故意毁损、无偿处分、以明显不合理价格处分、虚假转让等方式违法处置的财产，应当依法予以追缴或者责令退赔，交由执行法院依法处置。人民检察院应当结合侦查移送情况对涉案财产进行审查，在提起公诉时对涉案财产提出明确处理意见。人民法院应当依法作出判决，对涉案财产作出处理。司法实践中已经有此类判决。在刑事裁判之前即考虑和解决执行问题，债权人无须另行通过撤销权诉讼等民事诉讼程序寻求救济，符合立审执相互协调精神，也有利于案结事了。

（七）关于案件管辖

由执行法院所在地司法机关管辖拒不执行判决、裁定案件具有合理性，也是客观需要，有利于证据及时收集和固定，有利于对犯罪及时追诉和打击。因此，应当继续坚持拒不执行案件由执行法院所在地司法机关管辖的一般原则。如果由其他有管辖权的人民法院审判更为适宜的，可以根据刑事诉讼法的相关规定，由其他有管辖权的人民法院管辖。

（八）其他需要说明的问题

除以上重点内容外，《解释》还作了以下修改。

一是在引言部分增加规定了"《中华人民共和国行政诉讼法》"。实践中，拒不执行判决、裁定罪是否包括拒不执行人民法院作出的具有执行内容并已发生法律效力的行政判决、裁定，特别是行政非诉执行裁定，存在不同认识，有必要作出明确规定，消除认识分歧，增强可操作性。

二是规定拒不执行判决、裁定罪的主体是被执行人、协助执行义务人、担保人等负有执行义务的人，并且明确单位可以构成本罪，从而与刑法修正案（九）第三十九条的规定保持一致。

三是明确“致使判决、裁定无法执行”的认定。一般是指人民法院依据法律及相关规定采取执行措施后仍无法执行的情形，包括判决、裁定全部无法执行，也包括部分无法执行。如此规定，既是“致使判决、裁定无法执行”的题中应有之义，也是为了最大限度地督促和鼓励被执行人积极履行生效裁判确定的法律义务，防止被执行人通过恶意少量履行以达到规避法律制裁的目的。

四是明确竞合犯的处理。《解释》第九条规定，负有执行义务的人有能力执行而拒不执行人民法院的判决、裁定，同时构成拒不执行判决、裁定罪，妨害公务罪，袭警罪，非法处置查封、扣押、冻结的财产罪等犯罪的，依照处罚较重的规定定罪处罚，与刑法及有关司法解释规定保持一致，也符合竞合犯择一重罪定罪处罚的一般处理原则。

还需要说明的是，关于人民法院生效调解书、支付令是否可以纳入拒执罪判决、裁定范围的问题。有意见认为，将人民法院生效调解书、支付令，视为人民法院作出的判决、裁定，符合我国民事诉讼法第一百条、第二百二十三条规定精神，生效调解书、支付令在法律性质和救济途径等方面与判决、裁定没有实质区别。赋予人民法院生效调解书、支付令强制执行效力，有利于最大限度稳定当事人双方权利义务关系，尽快实现当事人合法权益，具有现实必要性。《解释》征求意见过程中，有意见认为，如此规定与《2002 年立法解释》不协调，建议在今后立法工作中统筹研究。

四、贯彻实施

下一步，最高人民法院将指导地方各级人民法院，以《解释》的公布施行为契机，充分发挥审判职能作用，坚决依法惩治拒不执行判决、裁定犯罪，切实保障胜诉当事人合法权益。

一是提高政治站位，加大拒执犯罪打击力度。深刻理解拒不执行判决、裁定犯罪的严重社会危害性，主动把打击拒执犯罪融入党和国家经济社会发展稳定大局，既要彰显严惩立场、积极回应社会关切，也要严格法律适用、防止滥打击乱打击，确保“三个效果”的有机统一，推动切实解决执行难工作不断向纵深发展。

二是坚持罪责刑相适应原则，统一法律适用标准。正确区分罪与非罪的界限，认真贯彻宽严相济刑事政策，准确理解和适用《解释》规定的“情节严重”“情节特别严重”以及从重、从轻情节，坚持严格的证据收集和采信标准，重点加强对行为人在裁判生效之前转移、隐藏财产，采用虚假诉讼等手段拒不执行等情形的刑事打击，实现刑罚的轻重与犯罪分子所犯罪行和承担的刑事责任相适应，做到宽严相济、罚当其罪、不枉不纵。

三是加强公检法机关配合制约，健全依法打击拒执犯罪工作机制。配套司法解释制定办理拒不执行判决、裁定刑事案件的指导意见，厘清职责分工，构建公检法机关相互配合、相互制约的制度机制，确立法院证据材料收集固定职能，发挥公安机关侦查职能，强化检察机关法律监督职能，进一步畅通刑事自诉渠道，不断丰富完善依法打击拒不执行判决、裁定犯罪的措施手段。

（来源：《人民司法》2024年第27期）

最高人民检察院

关于加强新时代检察文化建设的意见

（2024年9月9日）

文化是一个国家、一个民族的灵魂。检察文化是检察机关和检察人员在履行法律监督职责过程中创造、发展和形成的，体现检察职业特点的精神内核、品质特征、规则制度、行为方式、媒介载体等精神成果和物质成果的总和，是中国特色社会主义法治文化的重要组成部分，是检察人员共有的精神家园。为深入学习贯彻习近平法治思想、习近平文化思想，加强新时代检察文化建设，提出如下意见。

一、总体要求

坚持以习近平新时代中国特色社会主义思想为指导，深入学习贯彻习近平法治思想、习近平文化思想，全面落实《中共中央关于加强新时代检察机关法律监督工作的意见》，把建设检察文化作为新时代新征程检察工作的战略性、基础性工作和社会主义法治文化的重要内容，统筹落实充分运用法治力量服务文化强国建设和加强检察机关自身文化建设的“双重责任”，举旗帜、聚民心、育新人、兴文化、展形象，大力弘扬“忠诚、为民、担当、公正、廉洁”的新时代检察精神，着力推进文化润检、文化强检，为检察工作现代化提供坚强思想保证、强大精神力量、有利文化条件。

新时代检察文化建设坚持以下原则：坚持党的文化领导权；坚持以人民为中心；坚持围绕中心、服务大局；坚持法安天下、德润人心；坚持固本培元、守正创新；坚持检察人员主体地位。

二、坚持和加强党对检察文化工作的全面领导

（一）持续用党的创新理论武装头脑。坚持不懈用习近平新时代中国特色社会主义思想凝心铸魂，一体学思践悟习近平法治思想、习近平文化思想，在真学真信真用、深化内化转化上下功夫。深刻阐释中国特色社会主义检察制度的显著优势、鲜明特色，增强理论研究宣传吸引力实效性，推动检察人员进一步坚定对中国特色社会主义法治道路、中国特色社会主义司法制度和检察制度的自信。

（二）落实意识形态工作责任制。牢牢掌握意识形态工作领导权、管理权、话语权，坚决反对和抵制西方“宪政”“三权鼎立”“司法独立”等错误观点思潮。落实主管主办和属地管理责任，守好建强“报刊网微端屏书”等意识形态阵地，加强检察自媒体账号管理。

（三）传承中华优秀传统法律文化。深入挖掘、汲取民为邦本、礼法并用、以和为贵、明德慎罚、执法如山等中华优秀传统法律文化精华，有效激活中华优秀传统法律文化基因，推动在检察实践中实现创造性转化、创新性发展。加强法治文物、检察文物的保护管理利用，阐释时代价值，赓续检察文脉。

（四）深化新时代检察文化理论研究。重点加强对检察文化基本内涵、功能作用、发展规律等基础性问题理论研究，加强对检察文化实践中重要措施、经验做法理论提炼，加强对检察职业道德建设的时代要求、评价体系、监督机制理论论证，为检察文化发展提供坚强理论支撑。

三、大力培育弘扬新时代检察精神

（五）把握新时代检察文化建设的核心。不断紧固检察职业共同体赖以维系的精神纽带，把大力培育弘扬“忠诚、为民、担当、公正、廉洁”的新时代检察精神作为新时代检察文化建设的根本任务，通过教育引导、舆论宣传、文化熏陶、实践养成、制度保障，内化为检察人员的价值追求，外化为检察人员的自觉行动。

（六）坚守忠诚的政治品格。毫不动摇坚持党对检察工作的绝对领导，从政治上着眼、从法治上着力，把讲政治落实到监督办案、司法为民全过程，充分展现检察人员赤胆忠心、矢志不渝、坚持真理、坚守理想的政治品格，让坚定拥护“两个确立”、坚决做到“两个维护”成为新时代新征程检察机关的鲜明政治底色。

（七）坚守为民的价值目标。把为人民司法、让人民满意作为一切检察工作的出发点和落脚点，积极回应人民群众对美好生活的向往，持续加强人权司法保障，守护社会公共利益，充分展现检察人员情系民生、一心为公、解民之忧、护民安民的职业宗旨，持续做实人民群众可感受、能体验、得实惠的检察为民。

（八）坚守担当的职业使命。牢记时代责任和人民重托，做到敢于监督、善于监督、勇于开展自我监督，自觉为大局服务、为人民司法、为法治担当，充分展现检察人员恪尽职守、爱岗敬业、无私无畏、崇法护法的职业使命，让求真务实、担当实干成为新时代新征程检察人员的鲜明履职特征。

（九）坚守公正的核心特质。把维护公平正义作为检察工作的根本使命，深入践行新时代检察工作新理念，始终秉持客观公正立场，高质效办好每一起案件，既做犯罪的追诉者，又做无辜的保护者，更做正义的捍卫者，充分展现检察人员公正司法、刚直不阿、明察秋毫、不偏不倚的核心特质，努力让人民群众在每一个司法案件中感受到公平正义。

（十）坚守廉洁的基本操守。把廉洁从检作为检察人员立身之本、从业之基，自觉正己修身，严守党纪国法，严格执行防止干预司法“三个规定”、新时代政法干警“十个严禁”等工作纪律，杜绝关系案人情案金钱案，充分展现检察人员淡泊名利、清正廉洁、不徇私情、接受监督的基本操守，以自身正、自身净确保自身硬。

四、巩固壮大奋进新时代的检察主流思想舆论

（十一）做大做强检察主流思想舆论。坚持正确政治方向、舆论导向、价值取向，加强正面宣传，讲好“习近平法治思想的检察实践”故事，提高检察新闻舆论传播力、引导力、影响力、公信力。强化主题宣传，优化议题设置，深入开展“新时代检察宣传周”“新时代法律监督工作巡礼”“新时代检察故事汇”等活动，形成规模效应。完善新闻发言人制度，以高质效新闻发布扩大检察主流舆论场。加快新闻内容生产和传播方式迭代升级，推动优质检察新闻二次传播、跨界传播。

（十二）推进检察全媒体传播体系建设。坚持导向为魂、移动为先、内容为王、创新为要，统筹《检察日报》、正义网、最高检新媒体等融合传播渠道，集聚中央和地方各类媒体资源，加快打造检察全媒体传播生态链，构建适应全媒体生产传播工作机制和评价体系，更好推动“主力军全面挺进主战场”。深入实施检察全媒体品牌培育计划，深化“走近一线检察官”“新媒体走基层看检察”等网络宣传活动，不断增强检察全媒体传播效应。

（十三）弘扬社会主义法治精神。全面落实“谁执法谁普法”普法责任制，加强宪法、民法典等宣传教育，采取多种形式释法说理，大力弘扬社会主义核心价值观。充分挖掘指导性案例、典型案例蕴含的法治价值理念，深化检察官讲述办案故事效果，不断促进提升全社会法治意识和法治素养。重视加强青少年法治宣传教育，持续深化法治副校长、法治进校园等工作，创新普法形式，发挥未成年人法治教育实践基地

作用。

（十四）加强检察英模人物培树。优化新时代检察英模人物发现、挖掘、培养、宣传、学习机制。注重时代内涵，突出忠诚底色、清廉本色、专业亮色，让检察英模人物成为“有形的正能量”“鲜活的价值观”。注重遵循规律，面向基层一线，分级培育、分类选树、分层宣传，广泛树立可敬可亲可信的检察榜样。

（十五）加强检察公共关系建设。建立完善与媒体、机关、学校及社会各界的联系合作机制，增进全社会对检察工作和检察文化的了解认同。深化和规范检务公开，围绕重大主题、重点工作、重要节点，广泛开展检察开放日等活动，不断扩大检察文化影响力。加强国际传播能力建设，深化国际人文交流和司法合作，办好最高检英文官方网站，讲好中国法治故事，展示中国检察形象。

（十六）加强涉检舆论引导和舆情处置。完善涉检舆论引导机制和舆情应对协同机制，推进新闻宣传和网络舆论一体化管理。既避免因司法办案不规范引发舆情，更避免因应对处置不当引发更大舆情。健全落实舆情通报、案例分析、会商协调等工作制度，发挥涉检舆情典型案例反向审视作用，不断提升舆情风险防控处置能力。

（十七）构建一体化检察文化工作格局。深化“最高检统筹、省级院督导、市级院融通、县区院协同”工作格局，实现分级管理、各担其责、积极履职、一体推进。最高检加强统筹，注重顶层设计、组织发动、宏观协调；省级院强化督导，完善机制，分类指导，促进工作规范有序开展；地市级院注重融通，承上启下，整合资源，实现融合发展；县级院积极协同，确保专人负责，倡导人人有责。

五、丰富深化检察文化建设内容载体

（十八）弘扬红色检察文化。贯彻落实《党史学习教育工作条例》，推动党史、人民检察史学习教育常态化长效化。从实际、实用、实效出发，统筹用好各类检察文化资源，因地制宜建好用好检察博物馆、陈列馆、院史馆、图书室等文化活动场所，以红色检察文化传承为纽带，加强沉浸式互动式体验式教育熏陶。

（十九）营造清朗网络检察文化。认真落实《关于加强新时代检察机关网络法治工作的意见》，积极参与网络文化治理，促进营造清朗网络空间。加强优质网络内容生产传播，丰富检察短视频、网络短剧、网络动漫等网络文化产品供给。引导检察人员严格遵守网络行为规范，善于融合法言法语、网言网语唱响主旋律、传播正能量。发扬斗争精神，坚决抵制不良网络传播行为和网络活动。

（二十）培育发展特色检察文化。坚持个性化、差异化、多元化发展，将地域特征、人文历史、乡风民俗等独特元素有机融入检察文化建设，促进地方检察文化百花齐放。坚持检察文化建设与业务建设、队伍建设统筹推进，紧密结合不同业务特点，聚焦优秀办案团队锻造、先进工作机制总结、精品案例故事提炼，打造彰显公平正义的检察特色文化。

（二十一）丰富活跃基层检察文化。立足本地实际，用好地域资源，建设布置体现检察特色、富有文化底蕴的庭院基地、长廊橱窗、电子荧屏、标识格言等。办好文学笔会、文化创作、文艺演出、文体竞赛，广泛开展文化沙龙、书香检察、法治讲堂、读书会等文化活动，培养扎根基层、活跃基层的检察业余文艺骨干。

（二十二）打造优秀检察文化品牌。聚焦“高质效办好每一个案件”和新时代检察精神，加强检察文化品牌培育。持续开展全国检察机关优秀文化品牌征集展示活动，集中呈现新时代新征程检察文化建设成果。注重品牌示范引领，开展优秀检察文化品牌交流互鉴，辐射带动检察文化高质量发展。

（二十三）加强检察机关精神文明建设。主动参与文明培育、文明实践、文明创建活动。积极参加精神文明建设“五个一工程”等评选活动，推动检察机关融入新时代文明实践中心建设，组织发布新时代检察机关精神文明建设创新事例，加大检察系统精神文明单位创建力度。以全国道德模范评选表彰为载体，加强检察系统道德模范学习宣传。促进文明礼仪、文明习惯、文明行为养成，持续提升检察人员文明素养。注重检察人员家庭家教家风建设，推动形成社会主义家庭文明新风尚。

六、繁荣发展新时代检察文艺

（二十四）创作无愧于时代的优秀检察文艺作品。坚持以人民为中心的创作导向，依托社会优质文化资源，打造具有时代意义、法治内涵、检察特质、观众口碑的检察文艺精品力作。倡导“小成本、大情怀、正能量”，主动邀请文艺工作者深入基层一线、走进检察生活，创作更多有筋骨、有道德、有温度的法治文艺作品。面向基层，持续开展微电影微视频微动漫展播等活动，灵活组织检察文艺创作培训研讨，着力提升检察人员文艺素养。

（二十五）创新检察文艺作品生产管理机制。探索建立覆盖全流程的检察文艺精品创作组织体系。加强与各级文联、作协等联系，建设完善检察文艺智库，培育壮大检察文艺骨干队伍。严格检察题材文艺作品审读把关，加强对重点检察文艺创作项目扶持引导。

（二十六）丰富群众性文化体育活动。充分利用节假日、庆典、纪念日等时机，突出检察人员主体地位，组织文学、书画、摄影、音乐、舞蹈、戏剧等检察文艺活动，开展各类有益身心健康的群众性体育活动，丰富检察人员文化生活。

七、强化组织保障

把文化建设纳入检察工作发展总体布局和各级检察院党组重要议事日程，形成党组集中统一领导、宣传文化部门组织协调、业务综合部门履职尽责、广大检察人员积极参与的工作格局。构建科学合理的检察文化工作综合评价激励机制。建立新时代检察文化研究中心，建设完善检察文化人才库，加强检察文化人才培养。及时总结推广检察文化建设优秀事例。做好西部地区、革命老区、民族地区等检察文化支持援建工作。积极推动数字赋能，加快发展新型检察文化业态，打造检察融媒体应用系统，推进检察融媒体中心建设，实现检察文化建设纵向融合、横向融通、总体推进。

解读《最高人民检察院关于加强新时代检察文化建设的意见》

李雪慧　孔　玮*

为深入学习贯彻习近平法治思想、习近平文化思想，全面落实全国宣传思想文化工作会议精神，加强新时代检察文化建设，近日，最高人民检察院印发《关于加强新时代检察文化建设的意见》（以下简称《意见》）。为便于准确理解和落实《意见》，现就其出台背景、内容特点和重点工作等作一说明。

一、《意见》出台背景

文化是一个国家、一个民族的灵魂。党的十八大以来，以习近平同志为核心的党中央把文化建设摆在治国理政的重要位置，从全局和战略高度举旗定向、谋篇布局，推动新时代文化建设取得一系列标志性成果。检察文化建设是中国特色社会主义文化建设特别是法治文化建设的

* 作者单位：最高人民检察院办公厅（新闻办公室）。

重要内容。新时代新征程，检察机关要自觉担负起推动文化繁荣、建设文化强国、建设中华民族现代文明这一新的文化使命，自觉将检察文化建设融入高质效检察履职并充分发挥文化引领作用。此次最高人民检察院出台《意见》主要基于以下考虑。

一是贯彻落实习近平文化思想和党中央决策部署的迫切需要。2023年10月，全国宣传思想文化工作会议正式提出和系统阐述了习近平文化思想。这为做好新时代新征程的宣传思想文化工作、担负起新的文化使命提供了强大的思想武器和科学的行动指南。2021年以来，中央相继出台《关于加强社会主义法治文化建设的意见》《关于加强新时代廉洁文化建设的意见》《中共中央关于加强新时代检察机关法律监督工作的意见》三个重要文件。党的二十大和二十届三中全会分别围绕“推进文化自信自强，铸就社会主义文化新辉煌”和“深化文化体制机制改革”作出重大部署。加强新时代检察文化建设，必须坚持以习近平新时代中国特色社会主义思想为引领，将习近平文化思想融入检察文化建设全过程，将党中央决策部署落实到具体工作中。

二是贯彻落实最高人民检察院党组新理念新要求的重要举措。新时代新征程，最高人民检察院党组提出了“高质效办好每一个案件”“三个善于”等一系列检察工作新理念。特别是2023年11月，最高人民检察院召开全国检察宣传文化工作会议，应勇检察长强调检察机关要在推进习近平法治思想的检察实践中领悟践行习近平文化思想，统筹落实充分运用法治力量服务文化强国建设和加强检察机关自身文化建设的“双重责任”等重要任务，为加强新时代检察文化建设指明了前进方向。

三是适应新时代检察工作新发展的必然要求。人民检察事业走过的不平凡之路，促进了检察文化自信自强，检察文化建设也始终与时俱进，服务保障检察工作发展。与此同时，对照人民群众对检察工作的新期待，对照检察工作现代化的新任务，检察文化建设仍然存在偏重形式忽视内涵、特色不够鲜明、方式载体单一、机制不够健全等问题，迫切需要解决。各级检察机关希望尽快出台一个与新形势新任务相适应的指导性文件，解决当前检察文化建设中的难题，引领今后一个时期检察文化建设的高质量发展。

四是深化新时代检察文化理论研究的务实之举。近年来，在最高人民检察院党组坚强领导下，检察宣传文化工作适应新形势新发展，理论研究不断深入，实践探索创新发展，取得了不少经验成果。例如，2023年度，最高人民检察院检察理论研究课题“加强检察全媒体传播体系建设研究”等立项；2024年度，最高人民检察院检察理论研究课题“中华优秀传统法律文化在检察工作中的传承运用研究”被列为重点课题。同时，以“弘扬法治文化 砥砺检察初心”为主题的新时代法治文化建设理论征文活动在全国检察机关开展，检察系统内外人员积极投稿，撰写了一批政治站位高、思考研究深、针对性强的高质量文章，集中展现了新时代检察文化建设理论研究丰硕成果。新时代检察文化建设的优秀研究成果指导和推动检察文化在新时代创新发展，需要以具有操作性的《意见》呈现出来，转化为新时代检察文化的生动实践。

五是固化新时代检察文化实践探索的有效途径。近年来，检察文化建设实践成果丰硕，检察文化活动多点开花，检察系统持续开展全国检察机关优秀文化品牌征集展示活动，深入开展“新时代检察故事汇——检察官讲述办案故事”活动，深化“走近一线检察官”网络宣传活动，精心组织微电影微视频微动漫展播活动，激发检察人员创作活力。检察文艺创作勇攀高峰，电视剧《巡回检察组》、电影《第二十条》等作品荣获“飞天奖”“百花奖”等重磅奖项，人民检察概念曲《我的答案》荣获第十六届精神文明建设“五个一工程”奖。长期以来形成的检察文化建设中可复制可推广可借鉴的行之有效的实践探索，需要以《意见》的形式固定下来并予以深化。

二、《意见》主要内容和特点

《意见》除引言外，分3个板块，7个部分。

第一板块是总体要求，主要阐述指导思想和工作原则。

关于指导思想，提出坚持以习近平新时代中国特色社会主义思想为指导，深入学习贯彻习近平法治思想、习近平文化思想，把建设检察文化作为新时代新征程检察工作的战略性、基础性工作和建设社会主义法治文化的重要内容，着力推进文化润检、文化强检，为检察工作现代化提供坚强思想保证、强大精神力量、有利文化条件。

关于工作原则，简明扼要提出六项原则。主要内容包括：坚持党的文化领导权。坚持和加强党对检察文化工作的全面领导，深刻领悟“两个确立”的决定性意义，增强“四个意识”、坚定“四个自信”、做到“两个维护”。坚持以人民为中心。始终站稳人民立场，把“人民检察为人民”的宗旨要求全面落实到检察文化建设中，不断满足人民日益增长的精神文化需求。坚持围绕中心、服务大局。紧紧围绕“高质效办好每一个案件”的基本价值追求，找准检察文化工作的切入点和着力点，在检察业务中丰富积淀检察文化，以优秀检察文化引领推动检察业务。坚持法安天下、德润人心。把社会主义核心价值观自觉融入新时代检察工作和检察文化建设全过程各方面，用社会主义核心价值观浸润提升新时代检察精神，推动全社会崇德尚法、向上向善。坚持固本培元、守正创新。增强文化自信，大力发展社会主义先进文化、弘扬革命文化、传承中华优秀传统文化，学习借鉴世界优秀法治文明成果，与时俱进，改革创新，不断发展和繁荣新时代检察文化。坚持检察人员主体地位。面向检察人员、依靠检察人员、服务检察人员，激发检察文化建设的创新创造活力，不断增强检察人员职业使命感尊荣感归属感。

第二板块是主体内容，有5个部分26个条目。

一是坚持和加强党对检察文化工作的全面领导。主要包括持续用党的创新理论武装头脑、落实意识形态工作责任制、传承中华优秀传统法律文化、深化新时代检察文化理论研究等4条内容。

二是大力培育弘扬新时代检察精神。主要包括把握新时代检察文化建设的核心、坚守忠诚的政治品格、坚守为民的价值目标、坚守担当的职业使命、坚守公正的核心特质、坚守廉洁的基本操守等6条内容。

三是巩固壮大奋进新时代的检察主流思想舆论。主要包括做大做强检察主流思想舆论、推进检察全媒体传播体系建设、弘扬社会主义法治精神、加强检察英模人物培树、加强检察公共关系建设、加强涉检舆论引导和舆情处置、构建一体化检察文化工作格局等7条内容。

四是丰富深化检察文化建设内容载体。主要包括弘扬红色检察文化、营造清朗网络检察文化、培育发展特色检察文化、丰富活跃基层检察文化、打造优秀检察文化品牌、加强检察机关精神文明建设等6条内容。

五是繁荣发展新时代检察文艺。主要包括创作无愧于时代的优秀检察文艺作品、创新检察文艺作品生产管理机制、丰富群众性文化体育活动等3条内容。

第三板块对组织保障提出要求，包括：把文化建设纳入检察工作发展总体布局和各级检察院党组重要议事日程、形成党组集中统一领导宣传文化部门组织协调的工作格局、构建科学合理的综合评价激励机制、加强检察文化人才培养、总结推广优秀事例、做好支持援建工作、推动数字赋能，实现检察文化建设纵向融合、横向融通、总体推进等内容。

《意见》坚持以习近平文化思想为引领，具有以下四个特点。

一是与时俱进体现中央最新精神。《意见》坚持以习近平新时代中国特色社会主义思想为指导，通篇贯彻落实习近平法治思想、习近平文化思想，按照宣传思想文化工作“举旗帜、聚民心、育新人、兴文化、展形象”使命任务的要求，融入“落实意识形态工作责任制”“推进检察全媒体传播体系建设”“主力军全面挺进主战场”“弘扬社会主义法治精神”“推进新闻宣传和网络舆论一体化管理”“加强国际传播能力建设”等内容。

二是明确新时代检察文化建设的核心。《意见》指出，把大力培育弘扬“忠诚、为民、担当、公正、廉洁”的新时代检察精神作为新时代检察文化建设的根本任务。新时代检察精神来源于最高人民检察院《中华人民共和国检察官职业道德基本准则》的核心价值，是检察机关和检察人员的思想之魂、行为之基、立身之本。检察人员必须将新时代检察精神内化为价值追求，外化为自觉行动。

三是坚持问题导向。《意见》立足新时代检察文化建设的新要求，强调充分运用法治力量服务文化强国建设和加强检察机关自身文化建设的“双重责任”，坚持检察文化建设与业务建设、队伍建设统筹推进，坚持个性化、差异化、多元化发展，深化“最高检统筹、省级院督导、市级院融通、县区院协同”一体化工作格局，为新时代检察文化工作绘制了任务表、施工图。

四是突出检察人员主体地位。《意见》强调，检察文化建设面向检察人员、依靠检察人员、服务检察人员，鼓励广大检察人员积极参与，激发检察文化建设的创新创造活力，不断增强检察人员职业使命感尊荣感归属感，共同构建检察人员精神家园，促进检察事业全面进步，使检察文化建设成为全体检察人员的自觉行动。

三、落实《意见》需要注意的问题

（一）关于检察文化的概念

检察文化概念问题是研究检察文化的核心问题，也是新时代推进检察文化建设必须解决的首要问题。《意见》从实践角度对检察文化概念进行解释，并从具象角度进行细化和分类，明确为：检察文化是检察机关和检察人员在履行法律监督职责过程中创造、发展和形成的，体现检察职业特点的精神内核、品质特征、规则制度、行为方式、媒介载体等精神成果和物质成果的总和，是中国特色社会主义法治文化的重要组成部分，是检察人员共有的精神家园。

精神内核是社会主义核心价值观在国家法律监督机关的集中反映和具体要求，是检察机关和检察人员的灵魂所系。经过人民检察事业九十多年的历史积淀、实践养成和理论探索，检察精神内核已经形成，即最高人民检察院确定并为系统内外所认可的忠诚、为民、担当、公正、廉洁理念。检察精神内核以公正为基因，贯穿于检察职业特征、规则制度乃至办案行为、器物媒介的全过程，融入服务大局的全方位，体现了检察文化的内核。品质特征，也即法律监督机关职业特征，是检察精神内核的外延和扩展，是检察人员群体意识最凝练的浓缩，是检察职业意志最集中的反映。进入新时代，最高人民检察院党组提出了一系列检察工作新理念，不断赋予检察职业特征以时代性，让检察职业品质既深化固化了职业特征，又不断吸取时代精华。检察职业特征具体来讲，可以从党的领导捍卫者、法律监督承担者、公平正义维护者、人民利益守护者、清正廉洁践行者“五重”身份来把握。规则制度，是核心价值和职业特征的综合体现，体现检察机关的整体队伍素养，显示检察机关代表国家依法行使检察权的威信和法律尊严。规则制度大体可以分为基本法律类、行为管理类、礼仪形象类三大类。行为方式，是检察文化呈现。文化的价值在于影响人的行为，人的行为方式在文化的熏陶下养成。检察官代表的是检察机关，检察官的行为代表国家形象，体现法律的尊严。包括检察官在内的所有检察人员的举手投足、一言一行，体现检察人员的水平、素质和文化，反映出所在检察机关的精神风貌，体现出检察文化。检察人员的行为方式分为检察办案行为方式和其他检察行为方式。媒介载体，是检察文化载体。媒介载体是对检察文化最生动的展示、最直观的呈现，是检察文化的外在载体。初步归纳，检察文化的载体包括器物标识类、场所设施类、语言符号类三大类。

检察文化五个层面之间是递进和包含的关系，其核心是忠诚、为民、担当、公正、廉洁的精神内核（第一层），逐渐向外延展为集党的领导捍卫者、法律监督承担者、公平正义维护者、人民利益守护者、清正廉洁践行者为一体的品质特征（第二层），并通过各种制度、规则、礼仪等加以记录、规范和固化（第三层），由以检察官为主体的检察人员的言行举止向外展示和呈现（第四层），最终外化、物化为各种传播媒介和载体（第五层）。可以这样理解，精神内核是魂，是检察文化灵魂所系；品质特征是质，是检察文化区别于其他文化的主要特征；规则制度是文，用文字记录的方式界定了检察文化的内涵；行为方式是人，通过检察人员的言行举止等呈现出检察文化的具象；媒介载体是物，最终以各种物的形式承载和表达检察文化。可以说，对外，魂、质、文、人、物层层递进，不断拓展；向内，物、人、文、质、魂层层包含，逐渐深化。这样，内外交相融合，汇聚成一个集合体，构成检察文化的系统整体。

（二）关于新时代检察精神

检察精神属于检察文化中的精神内核层面内容。九十多年来，人民检察事业历经风雨，伴随国家法治进步不断成长壮大，促进了检察文化自信自强，逐渐形成了新时代检察精神。2016 年最高人民检察院印发的《中华人民共和国检察官职业道德基本准则》，将“忠诚、为民、担当、公正、廉洁”确定为检察官职业道德基本要求。经过多年来的养成、实践和积淀，这些理念已得到广大检察人员的自觉遵循和社会各界的充分认可。2023 年 12 月，应勇检察长在全国检察机关队伍建设工作会议上将这十个字提升为新时代检察精神。这次《意见》把大力培育弘扬新时代检察精神作为新时代检察文化建设的根本任务，提出通过教育引导、舆论宣传、文化熏陶、实践养成、制度保障，将其内化为检察人员的价值追求，外化为检察人员的自觉行动，目的就在于进一步强调，新时代检察精神是新时代检察文化建设的核心，应贯穿检察工作的全过程各环节，在检察业务工作、文化建设、队伍建设中一体培育践行，使之成为各级检察机关和全体检察人员无处不在、无时不有、日用而不觉的内在信念和行为准则。

（三）关于巩固壮大奋进新时代的检察主流思想舆论

习近平总书记深刻指出："我们中国共产党人能不能在日益复杂的国际国内环境下坚持住党的领导、坚持和发展中国特色社会主义，这个还需要我们一代一代共产党人继续作出回答。做好意识形态工作，做好宣传思想工作，要放到这个大背景下来认识。"① 并明确提出要"着力建设具有强大凝聚力和引领力的社会主义意识形态"。② 检察宣传文化工作始终处于意识形态斗争第一线、最前沿，巩固壮大奋进新时代的检察主流思想舆论，是新时代加强检察文化建设的重要职责。《意见》强调要加强正面宣传，推进检察全媒体传播体系建设，弘扬社会主义法治精神，讲好"习近平法治思想的检察实践"故事，提高检察新闻舆论传播力、引导力、影响力、公信力。检察宣传文化工作要抓住检察工作这个"本"，立足检察办案，传播检察好故事，传递法治正能量，巩固壮大检察主流思想舆论，让人民群众可感受、能感受、感受到公平正义。主题宣传要做亮。主动将检察宣传文化工作融入党和国家工作大局，结合重大工作部署、重点检察工作、重要工作成果，精心策划选题、精心打磨产品。近年来，最高人民检察院积极组织"新时代法律监督工作巡礼""新时代检察宣传周"等重大主题宣传活动，注重优质检察新闻二次传播、跨界传播，形成强有力的检察舆论场。各级检察机关要结合本地实际，选取独特角度，突出点面结合，灵活运用消息、通讯、评论、视频、海报、漫画等多种形式，实现立体传播、融媒传播、分众传播。案例宣传要做通。案例是检察宣传文化的最大资源、独特优

① 2018年8月21日，习近平在全国宣传思想工作会议上的讲话。

② 2023年10月8日，习近平对宣传思想文化工作作出重要指示。

势。要注重把典型案例融入普法教育，广泛运用“案例+解读+视频”模式，深化“法治公开课”效果，在案例素材储备、制作、供给上更充分、全面、多元，深挖案例背后的法治理念、检察理念，有力弘扬社会主义核心价值观，加大以案释法、普法宣传力度，发挥好“一个案例胜过一打文件”的教育功能。典型宣传要做活。党的二十届三中全会提出，要优化英模人物宣传学习机制。最高人民检察院党组要求，加大检察英模选树宣传力度，让求真务实、担当实干成为检察人员的鲜明履职特征。检察英模是新时代检察精神的具象化体现。培养、选树、宣传新时代检察英模是当前和今后一个时期的重点任务。要深入挖掘不同条线、不同类别的先进典型，将更多视角和镜头聚焦基层一线，综合运用融媒体手段，分层分级开展宣传，从检察生活中捕捉生动场景，从点滴小事中提炼闪光品格，从平凡事迹中探寻可贵精神，让检察英模成为“有形的正能量”“鲜活的价值观”。

（四）关于培育发展地方特色检察文化

百里不同风，千里不同俗。在推进检察文化建设中，要注重处理好共性和个性的关系。检察文化的共性在于核心价值、检察精神，个性则体现在不同地域、不同业务、不同岗位的不同特点中。共性是检察文化的根基，个性是检察文化的生命力和魅力所在。要在“根固”的基础上实现“枝繁、叶茂”，需要突出个性特点。一方面，要突出地域特色。《意见》强调，坚持个性化、差异化、多元化发展，将地域特征、人文历史、乡风民俗等独特元素有机融入检察文化建设，促进地方检察文化百花齐放。各级检察机关要依托地方特色文化资源，系统梳理、精心研究、深度融合，积极开展富有地域特色的检察文化活动，创作富有地域元素的检察文化作品，打造富有地域亮点的检察文化品牌，引领检察文化发展。例如，边疆民族地区检察机关可以结合地域特色和民族特色，打造以铸牢中华民族共同体意识为主线，践行手足相亲、守望相助、团结和睦精神的独特检察文化品牌。另一方面，要突出检察特色。《意见》强调，坚持检察文化建设与业务建设、队伍建设统筹推进，紧密结合不同业务特点，聚焦优秀办案团队锻造、先进工作机制总结、精品案例故事提炼，打造彰显公平正义的检察特色文化。各级检察机关要深入践行"以检察业务丰富积淀检察文化，以检察文化引领推动检察业务"理念，将检察文化内涵融入检察办案和司法实践，充分激发检察文化与检察业务、队伍建设的融合活力，推动检察工作高质量发展。

（五）关于构建一体化检察文化工作格局

聚焦基层反映最突出的检察文化建设人才队伍和基础保障不足问题，《意见》坚持问题导向，提出构建一体化检察文化工作格局，深化"最高检统筹、省级院督导、市级院融通、县区院协同"工作格局，实现分级管理、各担其责、积极履职、一体推进。最高人民检察院统筹，注重顶层设计、组织发动、宏观协调，引领整体发展方向。发挥最高人民检察院检察新闻宣传文化工作领导小组作用，紧紧围绕党中央决策部署和院党组工作要求，引领全国检察宣传工作发展方向，指导带领检察文化条线更好服务保障检察工作高质量发展。省级院督导，完善机制，分类指导，促进工作规范有序开展。省级检察院宣传文化部门要按照最高人民检察院确定的目标方向，完善检察文化领导机制，加强对全省检察文化工作的领导指导，促进检察文化工作规范、有序、创新开展。市级检察院融通，承上启下，整合资源，实现融合发展。地市级检察院要发挥承上启下的枢纽作用，以加强检察新闻宣传文化工作领导小组建设为关键，以构建市县两级检察院检察文化融合发展机制为重点，推进检察文化资源深度融合。县级检察院积极协同，确保专人负责，倡导人人有责，夯实文化工作基础。基层检察院要切实履行检察文化工作职责，确保专人负责文化工作，突出检察文化工作在弘扬社会主义核心价值观、参与社会综合治理、服务人民群众等方面的功效作用。各级检察机关要加强探索总结，以一盘棋的检察文化工作格局更好凝聚发展力量。

（六）关于地方检察机关的贯彻落实

一分部署，九分落实。出台《意见》只是迈出了检察文化建设顶层设计的第一步，关键在于各级检察机关抓好文件的贯彻实施。地方检察机关可从以下几个方面下功夫。

一是把握文件精神。各级检察机关要深入学习领会《意见》的核心内容和精神实质，准确理解新时代检察文化建设的指导思想、工作原则和具体要求，切实把学习成效转化为做好检察文化工作、推动检察事业发展的生动实践。

二是明确“双重责任”。一方面，充分运用法治力量坚决维护政治安全、意识形态安全和文化安全，加大文物和文化遗产保护力度，自觉服务深化文化体制机制改革；另一方面，加强自身文化建设，把社会主义核心价值观融入各项检察工作，弘扬社会主义法治精神，以检察履职引领社会风尚，推动全社会崇德尚法、向上向善。

三是找准短板弱项。学习对照《意见》的具体工作要求，通过查找短板弱项，明确工作重点，有针对性地采取措施，让新时代检察文化百花齐放，各展风采。

四是紧扣检察业务。加强新时代检察文化建设，必须统筹把握检察业务工作和检察文化工作的辩证统一关系，深刻理解二者是一币之两面，互为促进，缺一不可。检察业务是本体、核心、基础，是检察文化自信自强的根基；检察文化是灵魂、方向、动力，是检察事业不断发展的力量源泉，具有独特的教育、引导、规范、凝聚、激励作用。要紧紧围绕“高质效办好每一个案件”的基本价值追求，找准新时代检察宣传文化工作的切入点和着力点，为检察工作现代化提供坚强思想保证、强大精神力量、有利文化条件。

（来源：《人民检察》2024 年第 20 期）

指导案例、典型案例与解读

编者按 为切实促进行政争议实质化解，充分发挥典型案例的宣传教育和示范引领作用，最高人民法院分两批发布人民法院实质化解行政争议典型案例。2024年10月25日发布第一批，主要围绕人民法院通过认真分析纠纷成因，精准把握当事人实质诉求，聚焦案件实质争议，推进行政争议实质化解。

人民法院实质化解行政争议典型案例（第一批）

目　录

一、苗某诉某市人民政府不履行法定职责案

【基本案情】

苗某购买商品房后，甲置业公司未如期交付房屋、未按约定时间办理房产证。苗某为核实商品房开发及销售过程中政府监管等行政行为的合法性，向某市税务局申请公开“涉案商品房开发及销售过程中应缴纳的契税、营业税、欠税情况”等信息，某市税务局在征求甲置业公司意见后作出答复，认为“申请事项涉及纳税人商业秘密，应不予公开”。2023年，苗某提起行政诉讼，要求确认某市税务局不履行政府信息公开职责的行为违法，人民法院判决驳回其诉讼请求。苗某不服该政府信息公开答复，又向某市人民政府申请行政复议，某市人民政府未作出答复。苗某不服上述不予答复行为，提起诉讼。

【处理结果】

二审法院在案件审理过程中发现，本案虽为不履行行政复议法定职责之诉，但某市人民政府未收到申请，当事人的实际目的系解决商品房交房、办证问题，且苗某只是具有同样利益诉求的70余户业主中的一户，若案件处理不当，后续可能引发大量诉讼。同时，二审法院还注意到，苗某在首次提起信息公开之诉时，涉案商品房尚不具备交付条件，而不履行行政复议法定职责案二审时，房屋已经可以交付，但开发商表示需要完成开具税务发票等事项后方可办证。为尽快解决上述问题，二审法院与政府相关部门及开发商反复协调、多轮磋商，最终帮助苗某和其他70余户业主全部拿到房屋钥匙，某市不动产登记中心开启“绿色通道”，为业主办理不动产登记及颁证业务。此后，苗某申请撤回本案

起诉和上诉，其余 70 余户业主也明确表示不再提起行政诉讼。苗某和某市人民政府均向二审法院邮寄感谢信，涉案争议得到实质化解。

【典型意义】

习近平总书记强调，要实施更多有温度的举措，落实更多暖民心的行动，用心用情用力解决好人民群众的急难愁盼问题。① 深入了解群众需求，“把屁股端端地坐在老百姓这一面”，解决老百姓急难愁盼的实际问题是人民法院的职责使命。人民法院办理行政案件不仅要解决行政争议，更重要的是要坚持以人民为中心，切实帮助老百姓解决实际问题。本案中，苗某虽然提起的是不履行行政复议法定职责之诉，但真实目的是解决交房和办证问题。二审法院聚焦苗某等业主的实质诉求，下大力气帮助 70 余户业主解决交房和办证过程中遇到的实际困难，不仅解开了不履行法定职责案件的“法结”，更化解了业主实际关心的房子问题的“心结”，同时，使某市人民政府避免了群诉群访风险，实现了“双赢多赢共赢”。

二、达某诉某县房产管理所房屋登记及达某诉斯某等人所有权确认纠纷一并审理案

【基本案情】

达某称其于 1998 年从房屋原所有权人努某处购买了涉案房屋。该房屋原系公房，缴纳部分税款后可以归个人所有，达某将购房款交付努某并以其个人名义缴纳应缴税款后入住涉案房屋。2010 年，某县房产

① 2022 年 4 月 13 日，习近平在参观海南全面深化改革开放和中国特色自由贸易港建设成果展后指出。

管理所依达某申请，对涉案房屋进行房屋登记并为达某办理了房屋所有权证。2018年，因涉案房屋被纳入征收范围，达某与某县房产管理所签订了征收补偿安置协议。2019年，努某之女斯某等6人称，努某去世前告知斯某，达某购买房屋未支付全部购房款，故努某去世后，斯某将涉案房屋变更登记至其名下，并办理了房屋所有权证，据此主张其享有涉案房屋征收补偿款的请求权。由于双方均主张对涉案房屋享有所有权，因此发生纠纷。达某对斯某持有的房屋所有权证提出异议并提起行政诉讼，请求撤销某县房产管理所向斯某颁发的房屋所有权证。人民法院经审理认为，涉案行政争议的核心在于房屋所有权争议，为减轻当事人诉累，实质解决争议，遂依据《中华人民共和国行政诉讼法》第六十一条的规定，向当事人释明其可在行政诉讼中，申请一并解决相关民事争议。其后，达某以斯某等6人为被告一并提起确认房屋所有权的民事诉讼。

【处理结果】

本案审理过程中，承办法官综合考量达某已支付部分购房款、取得房屋所有权证并入住涉案房屋等情况，多次和当事人沟通，促成一并审理的民事诉讼原告达某与被告斯某等6人达成调解协议：一、涉案房屋归达某所有；二、达某收到涉案房屋拆迁补偿款之日起五日内向斯某等6人给付75000元。人民法院作出民事调解书对上述调解协议予以确认。同时，达某以涉案民事争议已达成调解协议且行政争议得到解决为由提出撤诉申请，人民法院依法裁定准许撤回起诉。

【典型意义】

《中华人民共和国行政诉讼法》第六十一条规定，在涉及行政许可、登记、征收、征用和行政机关对民事争议所作的裁决的行政诉讼中，当事人申请一并解决相关民事争议的，人民法院可以一并审理。在行政诉讼中一并解决相关民事争议，是解决行民交叉纠纷的有效途径，能够最大限度减轻当事人诉累，保护当事人合法权益，同时能够统一裁判尺度，提高案件审理效率，实质化解争议。本案当事人在行政诉讼中请求撤销房屋所有权证，但其实质争议焦点在于房屋补偿款的分配，而房屋补偿款分配问题的解决，关键在于房屋所有权的确认与房屋买卖合同的效力及履行问题。因此，民事争议的解决是本案行政争议化解的前提和基础。人民法院找准案件症结所在，厘清案件相关法律关系及案件背景，通过一并解决相关民事争议，将协调化解工作贯穿案件办理全过程，从根本上解决涉案矛盾纠纷，对于此类案件的审理具有积极借鉴意义。

三、吴某格等5人诉某市农村经济发展局、某省海洋与渔业厅行政登记及行政赔偿案

【基本案情】

吴某格等5人分别是5艘船舶的所有权人。2003年换发捕捞许可证时，新版捕捞许可证主机功率记载的数据与原证书记载不一致，5艘船舶主机功率合计减少199.7千瓦，导致2011年度至2014年度油价补助资金按照错误功率发放，5艘船舶共计少发放油价补助230万余元。5位船主一直向某市渔业主管部门主张权益，但始终未能得到合理解决。5位船主以某市农村经济发展局为被告向法院提起行政诉讼，请求判令某市农村经济发展局发放差额油价补助资金。此时距船舶证件错误换发，已长达十多年。

【处理结果】

人民法院认为，本案引发行政争议的原因在于换发捕捞许可证时，

主机功率记载错误致使计算机系统无法按照正常的主机功率核发渔业油价补助款，故该案应属于请求确认行政登记行为违法的同时一并提起的行政赔偿诉讼，并非单纯的行政给付案件。经释明，5名原告同意变更诉讼请求，并追加某省海洋与渔业厅为被告，法院将某市海洋与渔业局列为第三人，通过庭审及召开三级渔业部门参加的联动座谈会，主动向三级渔业部门释法说理。省级有关部门在充分了解争议形成原因及历史背景后，也表示将立即研究解决方案，并要求基层和市级渔业部门紧密配合。此后，某省海洋与渔业厅负责人赴某市督促调解工作开展和款项拨付，仅用一个月，5位船主全额收到差额补助款，并申请撤诉，人民法院裁定予以准许。

【典型意义】

了解当事人的实质诉求，准确判断行政争议的形成原因，正确确定被诉行政行为及适格被告，是解决行政纠纷的前提。本案中，5位船主虽诉请某市农村经济发展局补发差额油价补助款，但人民法院在审理过程中，没有就案办案，而是通过深入研判行政争议的形成原因，积极主动向原告释明正确的救济途径，在经原告同意变更诉讼请求，追加被告和第三人的基础上，将案件的审理方向由行政给付变更为确认登记行为违法并赔偿，为行政争议的实质解决找准了方向。行政机关在发现争议形成原因后，积极主动作为，向5位船主发放差额补助款，实现了当事人的实质诉求，最终促成行政争议的实质化解。

四、于某声诉某县农业农村局土地承包经营权登记案

【基本案情】

2000年，于某声与某县水利局签订《关于保护、治理太行堤的协

议》，对某县辖区内的一段“太行堤”进行承包管理。于某声自承包太行堤以来与周边村民因土地使用权边界纠纷经常产生矛盾，曾于2008年以侵权为由提起数起民事诉讼，人民法院判决某村民委员会将涉案土地上的障碍物予以清除并将土地交付给于某声，并赔偿其损失。于某声称，上述土地经法院强制执行后又被某村村民再次耕种，因涉及村民户数较多，该问题一直未得到妥善解决。随着时间迁移，涉案太行堤已不复存在。于某声认为某县农业农村局为王某等178户村民颁发土地承包经营权证的行为侵犯其合法权益，遂于2022年提起178起行政诉讼，要求确认被诉颁证行为违法并赔偿其损失。一审法院接到起诉状后，经与于某声沟通，选取其中1起案件作为示范性诉讼进入程序。

【处理结果】

本案进入诉讼程序后，人民法院多次组织双方当事人调解，但因争议较大，双方未能达成一致意见。一审、二审法院以于某声针对被诉颁证行为提起诉讼尚不符合起诉条件为由，分别裁定驳回其起诉、上诉。此后，于某声申请再审。再审法院受理该案后，与当地政法委及相关部门共同赴涉案现场实地勘察，并在勘察结束后与相关部门商定调解方案，以解决承包经营权纠纷给当事人带来的实际损失为核心，引导于某声实事求是且有针对性地列明赔偿请求，然后针对其实质诉求，采取背靠背的方式与某县人民政府进行协调。经过多轮协调化解，双方最终达成一致意见，于某声主动撤诉，历经多年的土地承包争议得以圆满解决。

【典型意义】

行政诉讼制度的目标是化解“官”“民”矛盾、解决行政争议，因此，评价行政审判工作的一个重要指标，就是行政争议能否得到公正、高效、便捷、低成本的化解，而不能把一件“事”，办成多个“案”。

为此，人民法院要坚持把实质化解行政争议、有效解决行政争议作为行政审判的目标和导向，以“如我在诉”的意识把案结事了、服判息诉的功课做到极致，在法律空间内寻求“三个效果”的有机统一。本案纠纷涉案人数多，时间跨度大，事关群众切身利益，人民法院通过多轮沟通精准把握当事人实质诉求，聚焦案件实质争议，在相关部门的协调配合下合力化解纠纷，使得长期影响当地群众生产生活的争议得以圆满解决。同时，人民法院采用示范性诉讼机制，不但推动涉案问题得以解决，还避免了后续177起行政案件进入诉讼程序，取得了案结事了、政通人和的良好效果。

五、赖某诉某市国有土地上房屋征收与补偿管理办公室房屋征收补偿协议案

【基本案情】

赖某之母郭某芬与辛某为再婚夫妻，涉案房屋登记在郭某芬和辛某名下。2012年，郭某芬去世，但未留下遗嘱。人民法院于2017年作出民事判决，确认涉案房屋归赖某所有，但需辛某百年之后办理过户手续。后某市人民政府作出房屋征收决定，涉案房屋位于征收范围内。其后，房屋征收部门与辛某签订了被征收人为辛某与郭某芬的《国有土地上房屋征收与补偿协议》及《补充协议》，辛某选择产权置换并获得剩余房屋面积的货币补偿及相关奖励。赖某以其为涉案房屋的实际所有权人为由，诉至法院，请求撤销前述协议，并由房屋征收部门与其重新签订征收补偿协议。

【处理结果】

一审法院经审理，判决确认涉案协议中的被征收人为赖某；辛某对

赖某所有的安置房享有居住权至其百年时止，赖某在办理安置房所有权证时一并办理辛某居住权登记手续。辛某不服，提起上诉。二审法院考虑到辛某与赖某系继父女关系，双方亲情尚在的实际情况，认真听取了辛某和赖某的诉求，向双方释明案件法律关系，促成二人就涉案房屋补偿安置利益的分配达成调解。后辛某、赖某与房屋征收部门签订调解协议，并由法院出具行政调解书，主要内容为房屋征收部门与赖某重新签订被征收人为赖某的补偿协议，赖某在办理安置房所有权证时一并办理辛某的居住权登记手续，辛某可在安置房中居住至百年时止。

【典型意义】

《中华人民共和国民法典》第三百六十六条规定，居住权人有权按照合同约定，对他人的住宅享有占有、使用的用益物权，以满足生活居住的需要。本案是一起被征收人家庭成员之间在涉案房屋上设立居住权后，因国有土地上房屋征收补偿安置引发的行政协议纠纷案件。人民法院在公正审理行政协议合法性的同时，积极回应当事人的合理诉求，做到以情感人、以理服人，促进矛盾纠纷化解。本案的处理结果，不仅保障了赖某作为房屋所有权人的补偿安置利益和辛某的居住权，更维护了辛某和赖某之间的父女感情，让人民群众切实感受到司法的温度，取得了良好的效果。

（来源：最高人民检察院网站）

湖北法院涉企业执行典型案例

一、信用承诺助企纾困　善意执行获赠锦旗

——申请执行人武汉某印刷公司、武汉某材料公司与被执行人武汉某科技开发公司买卖合同纠纷执行案

二、沪荆企业起纷争　执行和解促双赢

——申请执行人上海某科技公司与被执行人湖北某创投公司合同纠纷执行案

三、活封、活控企业资产　“保营商、保民生、保稳定”三者兼顾

——申请执行人某建设公司与被执行人某房地产公司建设工程合同纠纷执行案

四、涉企执行巧权衡　权益兼顾共双赢

——申请执行人湖北某建设工程有限公司与被执行人湖北某电器科技有限公司承揽合同纠纷案

五、刚柔相济破执行困局　40余天执行到位2500万元

——申请执行人襄阳某集团股份有限公司与被执行人贵州某电力集团有限责任公司股权转让纠纷执行案

六、强制执行显成效　助力营商促发展

——申请执行人湖北石首某股份有限公司与被执行人荆州市某设备有限公司、郑某、郑小某金融借款合同纠纷执行案

七、28件案件全部执行到位！黄石港法院柔性执行助力濒危企业脱困重生

——申请执行人王某某、黄某某等与被执行人黄石某房地产开发有限公司商品房销售合同纠纷系列案

八、“竭泽而渔”不如“放水养鱼”

——申请执行人武汉某建设有限公司与被执行人湖北某医疗投资有限公司建设工程施工合同纠纷执行案

九、高效善意执行把企业拉回“生命线”

——申请执行人重庆某物流有限公司与被执行人浙江某石油有限公司通海水域货物运输合同纠纷案

十、成功腾退交付50亩土地　为百亿元项目建设“活血化瘀”

——申请执行人宜昌某投资开发有限公司与被执行人晏某土地租赁合同纠纷执行案

一、信用承诺助企纾困　善意执行获赠锦旗

——申请执行人武汉某印刷公司、武汉某材料公司与被执行人武汉某科技开发公司买卖合同纠纷执行案

【基本案情】

武汉某印刷公司和武汉某材料公司分别于2023年2月14日、3月21日向武汉市江夏区人民法院（以下简称江夏法院）申请执行，被执行人均为武汉某科技开发公司，案涉标的金额合计107.91万元。在执行过程中，江夏法院立即对案件启动经济影响评估并实地走访被执行企业，了解到该企业是一家高新技术企业，曾荣获多项国家级专利，也多次荣获国家级及省级荣誉，具有行业领先的市场占有率。该企业并非恶意拖欠债务，而是因国家政策调整及受疫情影响，企业生产经营面临困难。目前，企业正在多方筹措资金积极研发产品，正处于攻坚克难的关键期，此时如被采取强制执行措施对企业经营来说是雪上加霜。同时，该企业还另案作为原告正在进行诉讼，如果胜诉则债权足以覆盖上述两案的债务。

江夏法院从平衡申请执行人债权和被执行人生存权角度出发，一方面积极推进双方调解，劝说申请执行人给予被执行人一定的宽限期；另一方面引导被执行人申请信用修复，作出书面信用承诺，并报告企业财产、收入情况，同时主动提供财产作为担保。经审查研究，江夏法院认为该企业符合信用修复的条件，立即作出暂缓对其采取信用惩戒措施的决定，并解冻了其银行账户，使得该企业重建信用安心经营，在招投标、融资贷款等方面得以“轻装上阵”。

一个月后，武汉某科技开发公司作为原告的案件胜诉并进入执行程序。执行法院迅速进行查控，足额扣划了该案被执行人财产，次日便将案款进行了分配，分别发还给本案申请执行人。至此，武汉某科技开发公司所涉的案件均高效执行完毕。

【典型意义】

本案中，江夏法院从平衡申请执行人债权和被执行人生存权角度出发，在执行阶段平衡强制执行的“力度”和司法护企的“温度”，引导被执行人申请信用修复，作出信用承诺，以小切口精细化执行，取得了良好效果。江夏法院未直接对被执行企业采取强制措施，而是充分考虑企业的现实情况，灵活适用信用承诺制度，暂缓采取信用惩戒措施，给予企业一丝“喘息”的机会，为“诚实而不幸者”提供了一条出路，发挥正向激励作用，助力守信企业“轻装上阵”，再次融入社会和市场，护航企业可持续发展。该案例体现了对信用修复机制的灵活适用，也彰显了小切口改革的成效，对内有效提升执行质效，对外优化营商环境。

二、沪荆企业起纷争　执行和解促双赢

——申请执行人上海某科技公司与被执行人湖北某创投公司合同纠纷执行案

【基本案情】

上海某科技公司与湖北某创投公司合同纠纷一案，因湖北某创投公司拖欠工程款，未按合同约定支付给上海某科技公司而引发纠纷。该案经法院审理作出判决，判令湖北某创投公司应向上海某科技公司支付工程款 183 万余元，并支付自 2015 年 12 月起的相应利息。

2024 年 5 月，因湖北某创投公司未履行生效判决确定的义务，上海某科技公司向荆门市东宝区人民法院（以下简称东宝法院）申请立案执行。东宝法院立案后，迅速调查了湖北某创投公司名下的存款及各类资产状况。

经查，湖北某创投公司是一家创新产业投资公司，担负着新技术企业孵化平台的使命，其对外投资较多，若因执行案件被列为失信企业，将极大影响其业务开展。而上海某科技公司因该案工程款长年得不到兑现，生产经营也受到相应影响。东宝法院先后与两家企业及代理律师沟通，理清双方诉求，并多次组织双方到工程项目现场进行会商，抓住双方的利益一致点推进和解促谈，向双方释法说理，希望两家企业正视困难、互相体谅，从有利于企业可持续发展以及后续合作的角度出发消弭分歧，积极推进达成共识。

2024 年 7 月 4 日，在东宝法院的见证下，双方企业签订了和解协议，约定湖北某创投公司向上海某科技公司支付工程款及利息共计 223 万余元，并共同确认双方在该案中的纠纷已处理完毕。当日，湖北某创投公司将和解款项打入法院执行账户，东宝法院及时将款项进行了发放，并解除了对湖北某创投公司及其法定代表人的执行措施，案件得以执行完毕。

【典型意义】

东宝法院成功执结了一起延续六年之久的合同纠纷案件，沪荆两地企业在法院的倾力协调下，最终达成以 223 万余元终结纠纷的和解协议，且协议一经签订当日即履行，双方企业都从旷日持久的诉讼、执行等烦琐事务中解脱出来。东宝法院深入践行“法治就是最好的营商环境”理念，开辟涉企案件绿色通道，拓宽办案思路，尽力柔性执行，灵活定分止争，运用司法智慧力促企业和解，为优化营商环境，激发市场活力提供了有力司法保障。

三、活封、活控企业资产 “保营商、保民生、保稳定”三者兼顾

——申请执行人某建设公司与被执行人某房地产公司建设工程合同纠纷执行案

【基本案情】

某建设公司与某房地产公司建设工程合同纠纷一案，武汉市汉南区人民法院（以下简称汉南法院）查明因某建设公司中标某港湾住宅小区二期建设项目，与某房地产公司签订了《建设工程施工合同》，案涉工程项目整体竣工验收后，某房地产公司以某建设公司工程超期影响项目的整体竣工验收为由，不予支付剩余工程款共计1800万元。其后，汉南法院依法判令某房地产公司向某建设公司在限期内支付该工程款项。

判决生效后，因某房地产公司未履行生效判决确定的义务，某建设公司向汉南法院申请强制执行。汉南法院立案后，对被执行人某房地产公司银行存款800万元及其名下二十套房屋进行了保全。汉南法院考虑到，一方面，某房地产公司目前经营困难，其公司也需要资金保障所建小区水、电、气及绿化设施等正常运转，若直接强制执行则会影响小区居民日常生活，也会造成该案所涉房地产项目商品房的迟延交付；另一方面，某建设公司已拖欠多名农民工工资，如不执行到位也会影响其正常经营。为平衡二者矛盾，汉南法院以消化突出矛盾为主线，力促某房地产公司自动履行为原则开展执行工作。

通过沟通了解，某房地产公司不愿给付工程款的原因是认为某建设公司施工进度延误影响了竣工验收造成损失，且近期公司资金周转存在

困难。抓住这一主要矛盾后，汉南法院多次展开协调工作，耐心释法明理，向其说明法院所采取的活封活控措施为其留有一定的余地，希望其能主动履行支付义务。某房地产公司法定代表人也表示，公司目前存在困难，资金难以回笼，希望汉南法院能协调某建设公司给予其三个月宽限期。最终，通过汉南法院不断努力，化解双方矛盾，帮助某房地产公司利用宽限期积极筹措了1400万元资金，促成双方达成了执行和解，本案实现了案结事了。

【典型意义】

汉南法院本案执行过程中，一是精准找准双方矛盾焦点，并以此作为切入点，最大限度地平衡双方企业利益，助力法治化营商环境建设。二是牢固树立“双赢多赢共赢”的理念，在依法保障胜诉人合法权益的基础上，平等保护各方正当权益，助力民营企业克服困难，高质量发展。三是执行措施有力度、更有温度，加大强制执行措施力度及时控制财产，同时也注意因案施策善意文明执行，为企业发展助力。

本案通过采用活封活控企业资产的方式，在维护申请执行人合法权益的同时，保护被执行企业正常运转，有效维护社会稳定，真正做到执行案件中“保营商、保民生、保稳定”三者兼顾，达到了情与法结合，理与利并重。

四、涉企执行巧权衡　权益兼顾共双赢

——申请执行人湖北某建设工程有限公司与被执行人湖北某电器科技有限公司承揽合同纠纷案

【基本案情】

湖北某建设工程有限公司与湖北某电器科技有限公司承揽合同纠纷

一案，湖北某电器科技有限公司欠付湖北某建设工程有限公司工程款70万余元及利息，经湖北省咸丰县人民法院（以下简称咸丰法院）调解，达成了分期支付的调解协议。

调解书生效后，湖北某电器科技有限公司仅在约定的期限内向湖北某建设工程有限公司支付20万余元。后湖北某建设工程有限公司向咸丰法院申请强制执行剩余未支付的56万元及利息、诉讼费。

咸丰法院立案受理后，执行事务中心于当日通过网络查控，将湖北某电器科技有限公司银行账户资金予以冻结。执行法官接收案件后，立即进行执行实施前调查，采取了网络查询及线下走访等方式进行涉企案件经济影响评估。经查询得知：湖北某电器科技有限公司是一家从事专业设备制造的企业，企业注册资本500万元，超过了67%的湖北省同行企业，是本地区的明星企业、纳税大户，涉诉涉执案件较少，且该公司账户有足额资金支付案涉款项。执行法官随即实地走访湖北某电器科技有限公司，得知该企业有资金却未按期支付的原因是目前正处于生产关键期，与某企业签订了一份大额订单，需保证公司账户资金充足，如将银行账户资金冻结或将资金全部用于支付本案执行款后，将导致合同订单无法履行，直接造成重大经济损失或面临新的经济纠纷。

咸丰法院经研判后认为，虽然被执行人湖北某电器科技有限公司有履行本案执行款的能力，但该企业目前正处于经营关键时期，如采取冻结银行账户资金措施以及直接划扣执行款将导致企业经营陷入困境，并可能引发新的经济纠纷，不利于企业的稳定发展。随后，咸丰法院多次组织双方“背对背”“面对面”进行和解，将湖北某电器科技有限公司目前面临的经营困境等情况告知申请执行人湖北某建设工程有限公司。通过执行法官深入细致的思想工作，湖北某建设工程有限公司同意与湖北某电器科技有限公司达成执行和解协议且主动放弃了利息的支付请求，最终双方确定由湖北某电器科技有限公司通过分期支付的方式履行还款义务。执行和解协议签订后，咸丰法院将湖北某电器科技有限公司银行账户予以解封，以便其正常生产经营。

2024 年 7 月 20 日，湖北某电器科技有限公司已将第一期的执行款项支付给了湖北某建设工程有限公司。

【典型意义】

咸丰法院坚持善意文明执行，在优化营商环境上做足功夫，在执行过程中全面落实涉企案件经济影响评估制度，全力为各类市场主体健康发展保驾护航，彰显了执行在优化法治化营商环境中的重要作用。

本案作为涉企执行案件，虽然被执行企业有足额资金履行法律义务，但咸丰法院没有采取简单粗暴的方式直接从被执行企业账户划扣资金，而是首先对案件涉企经济影响进行充分评估，综合考量后采用执行和解的方式处理。通过分期付款并跟踪督促履行的方式，既保障了申请执行人的权益，又缓解了被执行企业经营资金压力，尽量避免对企业经营现金流和企业信用产生不利的影响，使企业的发展实现良性循环，达到双赢的法律效果，避免了“一个案件拖垮一个企业”的情况发生。

五、刚柔相济破执行困局　40 余天执行到位 2500 万元

——申请执行人襄阳某集团股份有限公司与被执行人贵州某电力集团有限责任公司股权转让纠纷执行案

【基本案情】

襄阳某集团股份有限公司（以下简称襄阳某集团）与贵州某电力集团有限责任公司（以下简称贵州某电力集团）股权转让纠纷一案于 2022 年 6 月 10 日由襄阳市中级人民法院（以下简称襄阳中院）作出一审判决，被告贵州某电力集团向原告襄阳某集团支付股权转让款、投资

资金成本共计 15479.6 万元，并支付违约金。判决生效后，贵州某电力集团未在规定期限履行生效法律文书确定的义务，襄阳某集团依法向襄阳中院申请强制执行。

立案执行后，襄阳中院迅速展开财产调查，发现贵州某电力集团名下银行存款仅 50 多万元，土地、厂房已被其他法院查封，若查封机器设备则会严重影响其生产经营。此时，申请执行人提供财产线索称，被执行人贵州某电力集团持有多家子公司股份，总市值超过 1.6 亿元。经执行人员核实，确认该线索属实。

由于案涉金额较大，且同时涉及民营企业和国有企业利益，以及法治化营商环境建设，襄阳中院执行局立即对涉案企业的经营状况、市场前景以及可能对企业造成的影响进行分析研判，制订执行方案。经研究，襄阳中院认为贵州某电力集团目前经营困难，短期内履行能力不足，和解长期履行是最佳方案，故应依法冻结被执行人持有的股权，暂不查封其机器设备，促使被执行人主动要求和解履行债务，既能实现申请执行人合法权益，又不会对被执行企业生产经营产生严重影响。

2023 年 2 月 13 日，襄阳中院冻结被执行企业持有的 1.6 亿元股权，并告知其如再不履行，将依法进一步推进执行措施。随后，贵州某电力集团主动与申请执行人取得联系，提出和解意向。襄阳中院及时与申请执行人沟通协调，告知执行进展情况以及被执行人当前状况，通过执行法官认真细致、善意文明的沟通，双方最终同意和解。

同年 2 月 23 日，襄阳中院不远千里奔赴贵州协调该案。2 月 24 日，在各方共同努力和配合下，该案顺利达成和解协议，贵州某电力集团当天将首笔 2500 万元款项转至申请执行人银行账户，剩余本金和违约金按照和解协议长期履行。

2 月 27 日，申请执行人襄阳某集团送来感谢信，感谢襄阳中院执行局高效执行解企业燃眉之急。同时，全国人大代表、襄阳某集团董事长刘某在全国两会期间审议最高人民法院工作报告时，称赞襄阳中院

"以务实举措为民营企业解难题、办实事，切实解决了民营企业急难愁盼问题，以法治化营商环境护航企业发展"。

【典型意义】

本案中，襄阳中院认真贯彻"法治是最好的营商环境"理念，聚焦公正与效率，在较短期限内找准双方利益平衡点，刚柔相济促成和解。在及时有效维护胜诉当事人合法权益的同时，通过"放水养鱼"的方式保障被执行企业的正常生产经营，在善意文明执行中确保执行力度与效率，做到"三个效果"相统一，让国有企业和民营企业共同感受到襄阳法院的执行效率和司法温度。

六、强制执行显成效　助力营商促发展

——申请执行人湖北石首某股份有限公司与被执行人荆州市某设备有限公司、郑某、郑小某金融借款合同纠纷执行案

【基本案情】

湖北石首某股份有限公司（以下简称石首某公司）与荆州市某设备有限公司（以下简称荆州某公司）、郑某、郑小某金融借款合同纠纷一案，石首市人民法院（以下简称石首法院）判决荆州某公司偿还借款本金及利息6102616元。因荆州某公司已停产歇业，无力偿还欠款，申请执行人石首某公司向石首法院申请强制执行。

立案执行后，石首法院通过网络查控、现场调查对被执行人荆州某公司名下财产进行了查询，除位于石首市高陵镇工业园区的闲置厂房外，已无其余可供执行财产。经查，荆州某公司于2014年建成投产，因经营不善，业务量少，导致公司运营困难，资金紧张以致无力偿还欠

款，2018 年后公司基本上已处于停产状态。为保障申请执行人的合法权益，石首法院通过不动产登记部门查封了被执行人荆州某公司名下厂房。同时，为第一时间解决问题，维护好本地营商环境，石首法院多次与荆州某公司法定代表人进行沟通，一方面，询问其公司是否有再经营可能，协商还款方案；另一方面，希望多方发力盘活闲置资产。2020 年底，在法院、双方当事人的共同努力下，通过引进企业租赁厂房，并以租金偿还申请执行人的债务的方式，闲置厂房重新焕发了生机。

然而在 2023 年初，因租赁企业与荆州某公司之间发生纠纷，导致了租赁协议无法继续履行。申请执行人石首某公司向石首法院申请恢复强制执行。在与荆州某公司、租赁企业多次沟通无果后，石首法院依法对荆州某公司名下厂房启动拍卖程序。

考虑到荆州某公司厂房占地面积广、资产一次性处置困难，石首法院积极与当地镇政府沟通，希望能以此为契机，招商引资再次盘活资产。案涉厂房拍卖公示期间，石首法院、镇政府、申请执行人等通过大力宣传、实地走访、网络转发拍卖信息等方式持续发掘潜在买受人。最终，湖北某食品有限公司竞拍成功并办理了厂房过户手续。企业入驻后以原有厂房为基础，又重新建设生产车间，政府也给予相关政策支持，资产得以真正的盘活。现阶段，湖北某食品有限公司投资 3000 万余元，新盖了 7000 平方米厂房，引进了十余条食品生产线，企业的发展进入了快车道。

【典型意义】

在本案执行过程中，石首法院本着善意文明的执行理念，用尽、用活执行手段，通过部门联动最大限度给予企业发展空间，保障申请执行人合法权益的同时，也激活被执行企业闲置资源，让原本死气沉沉的厂房重新焕发生机活力。在执行遇到瓶颈时，石首法院也能够用最适宜的执行方式推进资产处置进程，创造了“三赢”局面。

七、28件案件全部执行到位！黄石港法院柔性执行助力濒危企业脱困重生

——申请执行人王某某、黄某某等与被执行人黄石某房地产开发有限公司商品房销售合同纠纷系列案

【基本案情】

2022年底，本该交房的黄石某房地产开发有限公司（以下简称黄石某房地产公司）因疫情原因向购房者发出延期交房公告，告知最迟于2023年3月交房。后因案涉房屋所在项目人防、消防等工程未达标不能按期交付，王某某等购房者将黄石某房地产公司起诉至黄石市黄石港区人民法院（以下简称黄石港法院）。2023年11月之后，黄石港法院陆续作出判决，判令该公司支付28名购房者违约金共计85.5万元。判决生效后，黄石某房地产公司未在规定期限履行生效法律文书确定的义务，王某某等依法向黄石港法院申请强制执行。

经黄石港法院了解，黄石某房地产公司涉案房地产项目作为黄石招商引资以促进地方经济发展和改善居民生活质量的重要工程项目，同时关联购房者、建材供应企业、建筑施工单位等众多主体，利益冲突十分严重。该企业一旦被强制执行，信誉必将受损，由此更会激发连锁效应，让企业陷入资金链断裂的危机。

如何在案件得以执结的同时最大限度地保护企业发展，助力化解企业资金链断裂风险，考验着黄石港法院的智慧与担当。为此，黄石港法院及时将相关情况报送地方党委，多次召开执行工作会议研究解决方案，并组成专门的团队办理该系列执行案件。

通过涉企案件经济影响评估，黄石港法院充分研判了该系列案执行

风险，尝试通过调解的方式推进执行。一方面，疏导申请执行人情绪，希望给予企业一定的履行宽限期，同时依法灵活查封被执行企业名下房产；另一方面，向企业负责人释法明理，表明其当前的经营困难并非不履行法律义务的理由，帮助企业积极寻求解决问题的办法，同时兼顾企业经营现状，暂缓将企业列入失信被执行人名单，以保障企业正常运营。

2024 年 4 月 10 日，经过黄石港法院近两个月的不懈努力，双方当事人终于达成执行和解协议，申请执行人同意黄石某房地产公司分批次、分阶段履行义务。

同年 6 月 30 日、7 月 16 日，黄石某房地产公司分别将 77. 5 万元、8 万元汇入法院执行案款账户，28 件案件的申请执行人随即拿到全部执行款项，案件圆满执行完毕。该企业也成功避免信用危机，及时获得银行融资贷款化解了债务风险。同时，黄石港法院迅速启动执行前置工作，对该企业涉及的另外 20 余起正在审理的同类案件进行前置调解。该企业明确承诺，将配合法院有序向当事人履行合同义务。

【典型意义】

依法而治、良法善治是法治化营商环境的精髓。本案中，黄石港法院积极采取活查封、预惩戒等柔性执行措施，化解涉企执行案件，助力企业脱困重生，保护了双方当事人的合法权益，有效推动法治化营商环境建设工作走深走实，以法治力量护航涉案企业的复振腾飞，实现了执行工作政治效果、社会效果和法律效果的有机统一。

八、“竭泽而渔”不如“放水养鱼”

——申请执行人武汉某建设有限公司与被执行人湖北某医疗投资有限公司建设工程施工合同纠纷执行案

【基本案情】

2013年8月，湖北某医疗投资有限公司（以下简称某医疗投资公司）将某楼盘建设工程发包给武汉某建设有限公司（以下简称某建设公司）。因某医疗投资公司未依约给付工程款，某建设公司向湖北省汉江中级人民法院（以下简称汉江中院）提起诉讼。2017年6月28日，汉江中院判决某医疗投资公司给付某建设公司工程款7873万元及相应利息。因某医疗投资公司逾期未履行法律义务，某建设公司向汉江中院申请强制执行。

汉江中院在执行过程中查明，某医疗投资公司因资金链断裂，所开发楼盘尚未完工就被5家法院先后查封，已无力支付相关工程款。执行干警在对项目实地查勘后发现，某医疗投资公司所开发楼盘处于仙桃市南城新区核心地段，如引入投资商将楼盘完工后销售，预期销售收益可足够清偿全部欠款，且仙桃市政府也有意引入投资人将楼盘完工销售，但若只是简单机械地对未完工项目进行查封、拍卖，则可能导致楼盘烂尾，不仅申请执行人的利益难以实现，还会引发一系列社会矛盾。

鉴于此，汉江中院联合仙桃市法院、武汉市洪山区法院、仙桃市信访局、仙桃市房地产管理局、仙桃市自然资源局等多家单位召开联席会议，会商后达成了对涉案项目采取“放水养鱼”方式进行执行的一致意见。在汉江中院积极沟通协调，以及相关单位协助配合下，某医疗投资公司为案涉项目办理了预售许可证，各家法院也将对某医疗投资公司不动产的整体轮候查封变更为对具体房屋的查封，其后再以确定债务总额的方式协调各申请执行人与被执行企业达成同意销售房屋后对房款按比例进行分配，分别用于支付工程欠款、楼盘后续建设费用和国家税款，直至全部欠款结清的执行和解协议。此后，虽经历疫情等重重困难，汉江中院在该案中仍执行到位5461万余元。

后因某医疗投资公司发生其他债务纠纷，导致上述执行和解协议未能继续履行，汉江中院又依法通过评估拍卖程序将某医疗投资公司名下72套住宅以二拍流拍价3948万元抵偿给申请执行人，同时解封了某医疗投资公司剩余263套房屋，以便企业恢复正常经营，该案得以顺利执行完毕。

【典型意义】

本案系人民法院贯彻善意文明执行理念，采取“放水养鱼”思路，盘活企业资产的同时保证案件顺利执行完毕的典型案例。在案件执行过程中，汉江中院执行法官主动走访调查了解被执行企业经营状况和现实困难，通过与其他执行法院和相关政府部门沟通协调，统一执行思路，避免机械执行对企业正常生产经营造成不良影响，既维护了申请执行人合法权益，又让被执行企业破茧重生，并保障了国家税收，更让购房居民实现安居乐业，对高质量建设法治化营商环境起到了积极的推动作用。

九、高效善意执行把企业拉回“生命线”

——申请执行人重庆某物流有限公司与被执行人浙江某石油有限公司通海水域货物运输合同纠纷案

【基本案情】

2023年2月，浙江某石油有限公司因拖欠重庆某物流有限公司运约金及滞港费6000万余元，被诉至武汉海事法院。该案一审判决生效后，浙江某石油有限公司没有履行生效民事判决确定的付款义务，重庆某物流有限公司向武汉海事法院申请强制执行，申请执行标的额6000万余元。

本案在诉讼保全阶段，武汉海事法院即轮候查封了被执行人浙江某石油有限公司存放于案外人处的化工品，然而首封法院在另一起执行案件中先行处置了部分货物，所得价款清偿完案涉债务后，将剩余款项汇入浙江某石油有限公司银行账户。因该账户已被其他20余家法院冻结在先，武汉海事法院作为轮候冻结账户的法院，对5500万元的货物拍卖款没有处置权。

浙江某石油有限公司虽仍有部分剩余货物存放于案外人厂区，但因涉及危化工品的评估、拍卖及转运，且需要当地应急保障部门及案外人的配合，处置难度大、周期长，难以解决重庆某物流有限公司当前的困难。

2月15日，武汉海事法院前往现场调查情况，同时多次与当地政法委、交通局、法院召开联席会，积极协调5500万元拍卖款的处置事宜，但最终无果。

3月9日，武汉海事法院依法裁定对浙江某石油有限公司危化工品进行拍卖、变卖。在20天内，选定评估机构，推动实地勘验、出具并送达评估报告等诸项流程无缝衔接。

4月26日，该批货物通过网络竞价方式以4854万元的最高应价一拍成交。

5月17日，案外人天津某公司等对案涉货物及货款提出执行异议，拍卖款项的分配暂时中止。为了把“死钱”变成“活钱”，重庆某物流有限公司提供6条化工品船舶作为担保以求得4000万元拍卖款先行分配。武汉海事法院经研究后认为，重庆某物流有限公司的担保符合法律规定，且一旦停航的船舶开航，回款能力也将显著提升，依法准予了其请求。最终，重庆某物流有限公司获得该笔执行款，企业经营转危为安，员工工资及其他债务也陆续得以清偿。目前相关执行异议案件已审查完毕，案外人诉求被依法驳回，重庆某物流有限公司已恢复正常的经营。

【典型意义】

本案为一起异地高效执行处置危化工品货物，帮助企业重回“生命线”案件，在众多异地执行案件中具有代表性意义。本案最终顺利执结，值得总结的经验在于：一是坚持党的领导，构建“大执行”的综合治理格局是解决“执行难”的关键所在。武汉海事法院和沿江党政部门保持了长期良好的沟通，与相关执法部门建立了长期有效的执行联动机制，为案件异地执行提供了坚强的保障。二是坚持司法为民宗旨，善意文明执行是克服困难取得政治效果、社会效果、法律效果统一的保证。该案中，执行法官奔波千里，三赴重庆积极与当地政法委、法院沟通联系，竭力推进案件执行，采取有效措施全力提高评估、拍卖效率，以“抢救式”执行姿态，跑出了案涉危化工品处置变现“加速度”。通过依法适用执行担保制度，不仅盘活了申请执行人企业的资产，还最大限度地保障了被执行人及案外人的合法权益。三是坚持服务大局，以高质量司法服务法治化营商环境建设。本案的高效执行，帮助申请执行人受偿 4000 万余元案款，企业得到了及时补血并逐步恢复了正常经营，避免陷入更大的危机，拖欠工人的工资也得到了清偿，消化了潜在的社会风险，人民群众的司法获得感和满意度得到显著提升。

10　成功腾退交付50亩土地为百亿元项目建设“活血化瘀”

——申请执行人宜昌某投资开发有限公司与被执行人晏某土地租赁合同纠纷执行案

【基本案情】

2018年7月，宜昌某投资开发有限公司与晏某签订土地租赁合同，将位于宜昌市夷陵区李家台村约50.2亩土地出租给晏某使用。晏某层层转租，租户越分越多，导致该宗土地因经营砂土、砖石及废旧金属回收拆解等业务而乱搭乱建、乱堆乱倒。2021年8月，宜昌某投资开发有限公司将晏某诉至宜昌市伍家岗区人民法院（以下简称伍家岗法院），要求解除合同、返还土地、支付租金。伍家岗法院判决晏某向宜昌某投资开发有限公司返还土地，并支付土地占有使用费、租金、逾期付款违约金及利息。

2024年1月，案件进入执行程序，伍家岗法院始终坚持善意文明执行的理念，多次张贴公告，要求租户限期搬离。租户纷纷表示物品太多，腾退需要时间。被执行人晏某和租户们一边口头承诺配合法院执行，一边互相观望继续生产经营。对此，伍家岗法院一方面换位思考，给予充足的腾退时间和进行充分的沟通交流，避免站在腾退对象的对立面；另一方面全面开展调查核实，为采取强制措施作准备。

在宜昌市中级人民法院的指导和属地夷陵区人民法院的支持下，伍家岗法院集思广益，找准执行痛点难点，争取以最低的司法成本换取最好的执行效果，并转变思路化被动为主动，从强制腾退变为力促商户主动腾退。

2024年4月11日，伍家岗法院发出执行通知，请相关占地经营主体停止生产经营活动，提前做好腾退准备。随后，伍家岗法院及时召集全体商户召开会议，商定最后搬离期限，给予一定腾退时间宽限，所有商户均签署承诺书，承诺主动搬离。

承诺搬离期满后，对尚未搬离的商户，伍家岗法院执行干警多次进场督办、给足压力，对拒不腾退的商户采取罚款、拘留等强制执行措施，让其他商户不再有幻想，积极配合执行。通过强制执行、协同执行与善意文明执行同向发力，案涉约50.2亩土地全部腾退完毕，并交付给了申请执行人。整个执行过程中，没有发生一次过激的正面冲突，没有导致任何一件信访维稳事件发生。

【典型意义】

案涉约50.2亩土地涉及宜昌市重大文化旅游项目的开工建设，对补齐宜昌旅游发展短板、更好满足人民群众对美好生活的新期待具有重要意义。如何既保障全市重点项目如期开工建设，又不因此产生新的诉讼纠纷，既要体现法院腾退工作的强制性，又要落实好善意文明执行理念，是本案执行能否成功的关键所在。

为避免激化矛盾、妥善解决纠纷，宜昌市中级人民法院在执行过程中及时统筹指导，通过召开执行推进会、现场办公会等形式，明确了“划范围、明责任、强震慑”的执行思路。执行实施过程中，三家法院强化协同执行，逐户做释法明理和劝说工作，召开座谈会听取和解决合理诉求，引导租户们限期自动搬离。执行干警时时察看催办进度。在腾退的关键时期，面对拒不搬迁的租户，果断采取拘留措施加以震慑，最终快速高效完成了强制腾退工作，为宜昌市重大项目顺利开工建设提供了强有力的司法保障。

（来源：湖北省高级人民法院网站）

新类型疑难案例选评

原告龙某某诉被告重庆市南岸区力某铁花栏杆安装队、倪某某、重庆伸某物资有限公司债权转让合同纠纷案

郝绍彬* 向 蕻**

【裁判要旨】

1. 债权人与债务人在执行过程中达成的执行和解协议宜认定为新债清偿，双方当事人应当本着诚信原则和效益原则，忠实地予以履行。

2. 对债权人超过约定的合理期限而怠于申请强制执行导致利息及迟延履行金增加，应认定为债权人没有采取适当措施防止损失扩大，对扩大的损失不予支持。

3. 案涉债权转让以其享有的合法债权为限，超出其合法债权部分缺乏合法依据对债务人无拘束力。

【相关法条】

《中华人民共和国民法典》

* 作者单位：重庆市第五中级人民法院民事审判第二庭。
** 作者单位：重庆市九龙坡区人民法院执行局。

第五百九十一条 当事人一方违约后，对方应当采取适当措施防止损失的扩大；没有采取适当措施致使损失扩大的，不得就扩大的损失请求赔偿。当事人因防止损失扩大而支出的合理费用，由违约方负担。

第五百九十二条 当事人都违反合同的，应当各自承担相应的责任。当事人一方违约造成对方损失，对方对损失的发生有过错的，可以减少相应的损失赔偿额。

第五百四十五条 债权人可以将债权的全部或者部分转让给第三人，但是有下列情形之一的除外：

（一）根据债权性质不得转让；

（二）按照当事人约定不得转让；

（三）依照法律规定不得转让。

当事人约定非金钱债权不得转让的，不得对抗善意第三人。当事人约定金钱债权不得转让的，不得对抗第三人。

【案件索引】

一审：重庆市九龙坡区人民法院（2022）渝 0107 民初 34909 号民事判决书（2023 年 4 月 26 日）

二审：重庆市第五中级人民法院（2023）渝 05 民终 6069 号民事判决书（2023 年 7 月 31 日）

【基本案情】

原告（被上诉人）龙某某诉称：2022 年 9 月 24 日，原告与重庆伸某物资有限公司（以下简称伸某公司）等达成《债权转让协议》，由龙某某受让伸某公司享有的所有剩余债权，并于 2022 年 9 月 26 日向重庆市南岸区力某铁花栏杆安装队（以下简称力某安装队）、倪某某公证邮寄《债权转让通知书》，后于 2022 年 9 月 27 日成功送达力某安装队、倪某某，力某安装队、倪某某签收《债权转让通知书》后拒不履行支付。

龙某某向重庆市九龙坡区人民法院起诉请求：(1) 由力某安装队、倪某某、伸某公司向其清偿债务共计 1349802.14 元，利息自起诉之日即 2022 年 10 月 20 日起按月利率 2%计算至付清为止，迟延履行金从起诉之日起按日万分之一点七五计算至付清为止；(2) 案件诉讼费、保全费、担保费 1580 元等由力某安装队、倪某某、伸某公司承担；(3) 判令龙某某在诉讼请求第一项、第二项债权范围内对倪某某名下位于重庆南岸区案涉房屋折价、拍卖、变卖所得价款优先受偿；(4) 判令伸某公司对上述第一项、第二项请求范围内承担连带赔偿责任。

被告（上诉人）力某安装队、倪某某共同答辩称：认可伸某公司的债权，不认龙某某的债权，且伸某公司也有违约行为。

被告（原审被告）伸某公司答辩称：龙某某未举证证明无法实现受让债权，故伸某公司承担责任的条件尚不具备，且针对承担的范围明确限定在原债务及龙某某已支付的债权转让价款，故请求驳回龙某某对伸某公司的诉讼请求。

法院经审理查明：2018 年 12 月 14 日重庆市九龙坡区人民法院作出（2018）渝 0107 民初 19866 号判民事判决：(1) 力某安装队向伸某公司支付货款 756163 元及截至 2018 年 7 月 31 日的利息 770673 元，共计 1526836 元；(2) 力某安装队向伸某公司支付违约金，以未付货款 756163 元为基数，自 2018 年 8 月 1 日起按月利率 2%计算至付清之日止，利随本清；(3) 力某安装队向伸某公司支付律师费损失 80073 元；(4) 驳回伸某公司的其他诉讼请求。后力某安装队不服，提出上诉。2019 年 5 月 22 日，重庆市第五中级人民法院作出（2019）渝 05 民终 1800 号判决：(1) 维持重庆市九龙坡区人民法院（2018）渝 0107 民初 19866 号民事判决第二项；(2) 撤销重庆市九龙坡区人民法院（2018）渝 0107 民初 19866 号民事判决第一项、第三项、第四项；(3) 力某安装队于本判决生效之日起十日内向伸某公司支付货款 756163 元及截至

2018年7月31日的利息513782元，共计1269945元；（4）力某安装队于本判决生效之日起十日内向伸某公司支付律师费损失7万元；（5）驳回伸某公司的其他诉讼请求。

2019年10月31日，伸某公司（甲方）、力某安装队（乙方）、倪某某（丙方）、汗某某（丁方）签订《执行和解协议》，约定截至2019年10月31日，乙、丙方欠付甲方货款、利息及维权费用等共计1590543元，丙、丁方自愿将名下位于南岸区案涉房屋抵押为本案债务清偿提供担保，并同意办理抵押登记，甲方对该房屋的拍卖款享有优先受偿权。甲方同意上述款项由乙、丙方在2020年1月25日前至少支付10万元；甲方同意乙、丙方先自行寻找房屋买家，在三个月内将房屋卖出，否则甲方将申请法院强制拍卖。

2019年11月1日，一审法院作出（2019）渝0107执7821号之二执行裁定书，载明申请执行人与被执行人于2019年10月31日达成《执行和解协议》，需长期履行。同年11月15日，倪某某将其名下房屋抵押给了伸某公司，并办理了抵押登记手续。

2021年1月11日，张某某（甲方）、力某安装队（乙方）、伸某公司（丙方）签订了《三方协议书》，约定将位于重庆市巴南区一套房屋作价为924503元用于甲方抵偿乙方部分工程款，约定甲方直接过户给丙方指定的孙某名下，用以抵偿乙方欠丙方的前述债务。

2022年9月24日，伸某公司（甲方、债权出让方）与龙某某（乙方、债权受让方）及孙某、姜某某（丙方），签订了《债权转让协议》，约定甲方对其债务人力某安装队享有的剩余债权全部依法转让给乙方。同日，伸某公司向一审法院出具《债权认可书》，确认剩余债权转让给龙某某并作为债权的申请执行人。

2022年9月27日，伸某公司申请对向倪某某、力某安装队邮寄《债权转让通知书》原件一份的过程及内容进行保全证据，重庆市九龙坡区公证处予以公证。

2019年10月31日《执行和解协议》签订后，力某安装队、倪某某未按协议履行给付义务，也未在三个月内将位于前述案涉抵押房屋卖出，而伸某公司也未按照协议约定就已办理抵押的该房屋向法院申请强制拍卖。

【裁判结果】

重庆市九龙坡人民法院于2023年4月26日作出（2022）渝0107民初34909号民事判决：（1）力某安装队、倪某某于判决生效之日起十日内向龙某某给付1349802.14元，并支付利息（以756163元为基数，自起诉之日即2022年10月20日起按月利率2%计算至付清为止）和迟延履行金（以756163元为基数，从2022年10月20日起按日万分之一点七五计算至付清为止）；（2）伸某公司在503018元范围内对上述债务承担清偿责任；（3）龙某某对倪某某名下位于重庆南岸区案涉房屋折价、拍卖、变卖所得价款优先受偿；（4）驳回龙某某的其他诉讼请求。

宣判后，力某安装队、倪某某不服一审法院判决，提起上诉。重庆市第五中级人民法院于2023年7月31日作出（2023）渝05民终6069号判决：（1）维持一审法院（2022）渝0107民初34909号民事判决的第二项；（2）撤销一审法院（2022）渝0107民初34909号民事判决第一项、第三项、第四项；（3）力某安装队、倪某某于判决生效之日起十日内向龙某某支付753461.36元；（4）龙某某在753461.36元债权范围内对倪某某名下位于重庆市南岸区案涉房屋折价、拍卖、变卖所得价款优先受偿；（5）驳回龙某某的其他诉讼请求。

【裁判理由】

法院生效裁判认为：债权人与债务人在执行过程中达成的执行和解协议宜认定为新债清偿，当事人应当本着诚信原则和效益原则，忠实地予以履行。对债权人超过约定的合理期限而怠于申请强制执行导致利息及迟延履行金增加，应认定为债权人没有采取适当措施防止损失扩大，对扩大的损失不予支持。案涉债权转让以其享有的合法债权为限，超出其合法债权部分缺乏合法依据对债务人无拘束力。二审法院遂作出上述改判。

［评析］

债权人未按执行和解协议约定怠于申请强制执行扩大的损失应自行承担

本案涉及执行和解协议履行过程中没有采取适当措施致使损失扩大及债权转让等较为典型的问题争议。本案争议焦点为：案涉债权转让对于怠于申请强制执行导致增加的利息及迟延履行金应否支持。本案裁判规则为：债权人与债务人在执行过程中达成的执行和解协议宜认定为新债清偿，双方当事人应当本着诚信原则和效益原则，忠实地予以履行；对债权人超过约定的合理期限而怠于申请强制执行导致利息及迟延履行金增加，应认定为债权人没有采取适当措施防止损失扩大，对扩大的损失不予支持；案涉债权转让以其享有的合法债权为限，超出其合法债权部分缺乏合法依据对债务人无拘束力。本案裁判规则的确立，对债权人未按执行和解协议约定怠于申请强制执行致损失扩大起到了阻却作用，且债权转让应以债权人享有的合法债权为限，超出合法债权的部分，因缺乏合法依据对债务人无拘束力，防止当事人在强制执行财产处置过程中误解执行和解协议性质具有参照借鉴价值。

一、案涉《执行和解协议》系具备履行条件的新债清偿应当履行

民法典第一百一十九条规定，依法成立的合同，对当事人具有法律

约束力。第四百六十四条规定，合同是民事主体之间设立、变更、终止民事法律关系的协议。第四百六十五条规定，依法成立的合同，受法律保护。依法成立的合同，仅对当事人具有法律约束力，但是法律另有规定的除外。第四百九十条规定，当事人采用合同书形式订立合同的，自当事人均签名、盖章或者按指印时合同成立。在签名、盖章或者按指印之前，当事人一方已经履行主要义务，对方接受时，该合同成立。法律、行政法规规定或者当事人约定合同应当采用书面形式订立，当事人未采用书面形式但是一方已经履行主要义务，对方接受时，该合同成立。

执行和解是指在民事执行程序中，执行当事人经自愿、平等协商，就申请执行人行使权利和被执行人履行义务的主体、期限、方式、内容等达成协议，一致同意中止执行程序，当事人自觉履行协议后，原执行程序即告终结的法律程序和法律制度。[①] 债权人与债务人在执行过程中达成的案涉《执行和解协议》没有违反法律禁止性规定，且当事人均无异议，对当事人有拘束力，实为新债清偿，双方当事人应当本着诚信原则和效益原则，忠实地予以履行。所谓新债清偿，也称为新债抵偿、间接给付或为清偿之给付，是指因清偿债务而为异于原定给付之给付，因债权人就新给付之实行受满足，而使旧债务消灭。在新债清偿适用的情况下，原债权与新成立之债权并存，也就是债权人有两个债权，却只有同一目的，如果债务人履行新债务，则等同于同时履行了旧债务；如果债务人不为新债务之清偿，债权人仍可以行使旧债权。[②]

民法典第一百二十五条第一款规定，当事人对合同条款的理解有争议的，应当按照合同所使用的词句、合同的有关条款、合同的目的、交易习惯以及诚信原则，确定该条款的真实意思。本案中，2019 年 10 月

① 参见江必新主编：《民事执行新制度理解与适用》，人民法院出版社 2010 年版，第 214 页。
② 参见肖建国、黄忠顺：《执行和解协议的类型化分析》，载《法律适用》2014 年第 5 期。

31日伸某公司、力某安装队、倪某某、汪某某签订的《执行和解协议》，确定了截至当日力某安装队、倪某某欠付伸某公司货款、利息及产生的维权等费用金额，达成分期偿付合意，倪某某、汪某某愿意用其所有的房屋对债务进行抵押担保，后办理了抵押登记。伸某公司同意债务人自行寻找房屋买家，约定在三个月内将房屋卖出，否则其可以申请法院强制拍卖等。由此可见，该协议是债权人与债务人对民事权利义务所作的新安排，系当事人的真实意思表示，应予尊重，且该协议应自双方达成合意时成立。同时，这个新的债务关系无论在给付标的还是给付方式上，都完全不同于原生效判决所处理的法律关系，可以另诉。

民法典第五百零九条规定，当事人应当按照约定全面履行自己的义务。当事人应当遵守诚信原则，根据合同的性质、目的和交易习惯履行通知、协助、保密等义务。实际上全面履行也是诚信原则在合同履行中的一种体现。诚信原则要求民事主体在从事所有民事活动，包括行使民事权利、履行民事义务、承担民事责任时，均秉持诚实和善意，信守自己的承诺。[①] 法律适用自然也受到诚信原则的规制。依法成立的合同对当事人具有约束力，在该协议不存在履行不能致使合同目的无法实现的情况下，债权人不能要求债务人履行旧债。对债权人而言，如果债务人拒绝履行新债合同，其可以向法院起诉要求债务人履行新债务，除非新债务在客观上履行不能，债权人方可请求债务人履行旧债务。对债务人而言，其应当依据新债清偿协议向债权人清偿债务，除非债权人同意，否则其不能以旧债清偿。如债务人故意造成新债无法履行，除依据债权人请求履行旧债务外，其还应当向债权人承担违约责任。

二、未申请强制执行系怠于行使权利应承担相应不利后果

民法典第五百九十一条规定，当事人一方违约后，对方应当采取适

① 参见最高人民法院民法典贯彻实施工作领导小组主编：《中华人民共和国民法典总则编理解与适用》，人民法院出版社2020年版，第64页。

当措施防止损失的扩大；没有采取适当措施致使损失扩大的，不得就扩大的损失请求赔偿。当事人因防止损失扩大而支出的合理费用，由违约方负担。第五百九十二条规定，当事人都违反合同的，应当各自承担相应的责任。当事人一方违约造成对方损失，对方对损失的发生有过错的，可以减少相应的损失赔偿额。

民法典减损规则与合同法一脉相承。减损规则系指未尽到减轻损失义务构成对诚信原则的违反一方在另一方违约后，未能采取合理措施防止损失扩大，按照过错责任原则的要求，过错人应对自己的过错行为担责。减损规则构成要件有：违约方的违约行为导致了损害的发生，受损害方对损害的发生没有过错；受损害方未采取合理措施造成了损失扩大的后果，不过在违反减损义务的情况下，受损害方并没有在违约中获得利益；受损害方对损失的扩大有过失。当事人一方违反合同的，另一方不能无动于衷，任凭损失扩大；扩大的损失与受损害方未及时采取合理的、适当的措施之间存在因果关系。

本案对债权人怠于行使强制执行案涉房屋所致的利息及迟延履行金应当适用减损规则，即按照目的解释适用于个案中。目的解释是一种实质解释，指的是以立法目的作为根据解释法律的一种解释方法。法律是人制定的行为规范，立法者制定法律不是任意性的、无缘无故的，必有其目的存在，因此解释法律时，应当把握此立法目的，不能违背此立法目的。[①] 本案中，2019 年 10 月 31 日《执行和解协议》签订后，债权人伸某公司在债务人力某安装队、倪某某未按约履行分期支付义务，且超过约定的卖房期限三个月的情况下，仍未向法院申请强制拍卖已办理抵押的案涉房屋以实现其债权，系怠于履行其权利，致使利息及迟延履行金增加。对由此导致增加的利息及迟延履行金，系债权人没有采取适当措施致使损失扩大的行为所致，该增加部分不应由债务人承担。龙某某

① 梁慧星：《裁判的方法》，法律出版社 2021 年版，第 231 页。

受让伸某公司债权请求赔偿该部分扩大的损失，法院不予支持。

所谓利益衡量，即综合把握本案的实质，结合社会环境、经济状况、价值观念等对双方当事人的利害关系作比较衡量，作出本案当事人哪一方应当受保护的判断。[①] 债权人怠于申请强制执行案涉房屋，导致利息及迟延履行金增加，系其没有采取适当措施致使损失扩大的行为所致，请求赔偿该部分扩大的损失，法院不予支持。对扩大损失的认定，结合协议载明的内容，鉴于房屋拍卖需要时间，二审法院酌定自协议约定的第一期支付时间2020年1月25日的第二日即2020年1月26日起顺延三个月作为房屋拍卖处理期，利息按照2019年5月22日二审法院作出（2019）渝05民终1800号民事判决计算，从2019年11月1日至2020年4月25日计算利息为87507.74元；迟延履行金从2019年11月1日至2020年4月25日，以本金756163元为基数按照万分之一点七五计算为23289.82元，应由力某安装队、倪某某承担，之后不再计算利息和迟延履行金。

按照2019年10月31日伸某公司、力某安装队、倪某某、汪某某签订的《执行和解协议》，截至2019年10月31日《执行和解协议》载明债权1590543元，加上2019年11月1日至2020年4月25日利息87507.74元及迟延履行金23289.82元，伸某公司截至2020年4月25日的债权为1701340.56元。

三、债权转让以合法债权为限，超出部分对债务人无拘束力

根据民法典第五百四十五条的规定，债权人可以将债权的全部或者部分转让给第三人，但是有下列情形之一的除外：（1）根据债权性质不得转让；（2）按照当事人约定不得转让；（3）依照法律规定不得转让。当事人约定非金钱债权不得转让的，不得对抗善意第三人。当事人

---

① 梁慧星：《裁判的方法》，法律出版社2017年版，第291页。

约定金钱债权不得转让的，不得对抗第三人。即债权人有权对其享有的合法债权进行转让，但超出其合法债权部分无效。

本案中，2022年9月24日伸某公司（甲方、债权出让方）与龙某某（乙方、债权受让方）及孙某、姜某某（丙方）签订的《债权转让协议》确认伸某公司扣除清偿924503元外的债权转让给龙某某，该协议没有违反法律禁止性规定，系当事人真实意思表示。且2021年1月11日，张某某、力某安装队、伸某公司签订了《三方协议书》确认力某安装队已向伸某公司清偿924503元，故力某安装队、倪某某尚欠伸某公司合法债权转让金额为776837.56（1701340.56-924503）元。

案涉债权转让以其享有的合法债权为限，超出其合法债权部分缺乏合法依据，对债务人无拘束力。本案中，伸某公司仅有权对其享有的合法债权776837.56元为限对外转让，超出部分缺乏合法依据对债务人无拘束力。故二审法院对该部分有效债权转让予以支持，超出部分债权不予支持，符合法律规定。

四、本案裁判规则对债权人积极履行执行和解协议的启示

《最高人民法院关于执行和解若干问题的规定》第一条第一款规定，当事人可以自愿协商达成和解协议，依法变更生效法律文书确定的权利义务主体、履行标的、期限、地点和方式等内容。

强制执行过程中当事人达成的和解协议应予尊重。规定和解协议由当事人自行达成，是建立在对于执行和解协议的性质、审判与执行的关系等基本问题的判断之上。由于要维护原生效法律文书的权威、审判与执行分立的基本司法体制，立法自然规定了和解协议由双方当事人自行达成。因为如果执行机构能够像在诉讼调解中那样，主持双方当事人达成和解协议，那和解协议将具有公法性质，难说不具有执行力。而如果和解协议具有了执行力，则意味着执行程序能够改变生效裁判的内容（法院的裁判文书在原生效法律文书中占据多数位置），那么审判与执

行分立的基本司法体制将面临崩溃的危险。所以立法规定执行和解协议由当事人自行达成，基于相同的理由，立法也规定了和解协议较低的法律效力、恢复原生效法律文书的执行是违反和解协议的唯一救济途径等内容。

执行和解协议具备履行条件，债权人不能要求债务人履行旧债。《最高人民法院关于执行和解若干问题的规定》（2020年修正）第九条规定，被执行人一方不履行执行和解协议的，申请执行人可以申请恢复执行原生效法律文书，也可以就履行执行和解协议向执行法院提起诉讼。和解协议为当事人合意变更生效法律文书确定的权利义务关系的协议。按照是否对执行程序有直接影响，可区分为执行外和解协议与执行和解协议。执行和解协议签订后，当事人可向法院申请中止执行或终结执行。被执行人不履行和解协议时，申请执行人可向法院申请恢复执行原生效法律文书或者就履行执行和解协议向法院起诉。本案中，在当事人特别约定三个月内自行寻找房屋买家将房屋卖出，否则伸某公司将申请法院强制拍卖的情况下，《执行和解协议》自双方达成合意时成立。依法成立的合同对当事人具有约束力，在《执行和解协议》履行不能致使合同目的无法实现的情况下，债权人不能要求债务人履行旧债。

没有采取适当措施致使损失扩大的，应当自行承担。民事主体从事民事活动，应当遵循诚信原则，秉承诚信，恪守承诺。诚信原则作为民法的"帝王"条款，广泛适用于合同订立、合同履行、效力评判、规则解释、漏洞填补、责任承担、行为规制等场合，对民事主体从事民事活动具有强制性。本案裁判规则的确立，对于明确债权人积极主动履行执行和解协议，防止没有采取适当措施致使损失扩大遭受不必要损失，明确妥善处理债权转让以其享有的合法债权为限，超出合法债权部分缺乏合法依据对债务人无拘束力，防止当事人在强制执行财产处置过程中误解执行和解协议性质具有参照借鉴价值。

最新立法司法动态

中华人民共和国医疗器械管理法（草案征求意见稿）（节选）

第一章　总　　则

第一条　为了加强医疗器械管理，保证医疗器械的安全、有效，推动医疗器械产业高质量发展，保护和促进公众健康，制定本法。

第二条　在中华人民共和国境内从事医疗器械研制、生产、经营、使用及其监督管理活动，适用本法。

第三条　医疗器械管理应当以人民健康为中心，树立安全发展理念，遵循风险管理、全程管控、科学监管、社会共治的原则，保障医疗器械的安全、有效、可及。

第四条　国家完善医疗器械创新体系，加强基础研究和应用研究，加大原创性引领性科技和关键核心技术攻关力度。鼓励生命科学、材料科学、应用科学、信息科学、医学科学等科学领域的交叉研究，推动医疗器械及其原材料、零部件的技术进步，提高科技成果转化和产业化水平。

强化企业科技创新主体地位，支持企业设立或者联合组建研制机构，鼓励企业与高等院校、科研院所、医疗机构等合作开展医疗器械的研制与创新。加强品牌建设，强化知识产权保护，提高企业自主创新能力。鼓励医疗机构充分利用临床资源，遵循医疗实践和临床需求开展医疗器械的研制与创新。

第五条 国家制定医疗器械产业规划和政策，将医疗器械研制与创新纳入发展重点，在科技立项、融资、信贷、招标采购、医疗保险等方面予以支持。

国家建立医疗器械产业发展基金，促进高性能、高品质医疗器械的创新发展。鼓励财政资金与社会资本合作，拓宽医疗器械企业融资渠道。

国家支持医疗器械领域学科建设，加快复合型、技能型医疗器械科技人才和管理人才的培养。

第六条 国家支持以临床价值为导向，研制采用新技术、新工艺、新方法、新材料的医疗器械；鼓励面向罕见病以及严重危及生命且尚无有效治疗手段的疾病的医疗器械研制创新，提高产品供给能力。

国家鼓励运用现代科学技术和传统中医研究方法开展中医医疗器械创新研究。

国家促进医疗、医保、医药协同发展和治理，完善招标采购、医疗收费、医疗保险等政策，支持创新医疗器械临床推广和使用。鼓励医疗机构优先采购使用创新医疗器械。

第七条 国家实行医疗器械注册人、备案人制度。医疗器械注册人、备案人对研制、生产、经营、使用等全过程中医疗器械的安全、有效依法承担责任。

医疗器械注册人、备案人应当建立并有效运行医疗器械质量管理体系，确保医疗器械研制、生产、经营活动持续符合法定要求。

医疗器械注册人、备案人的法定代表人、主要负责人对医疗器械质量全面负责。

第八条 从事医疗器械研制、生产、经营、使用等活动的单位和个人应当遵守法律、法规、规章、标准和规范，保证全过程信息真实、准确、完整和可追溯。

第九条 国务院药品监督管理部门主管全国医疗器械监督管理工作。国务院有关部门在各自职责范围内负责与医疗器械有关的监督管理工作。

县级以上地方人民政府药品监督管理部门负责本行政区域内的医疗器械监督管理工作。县级以上地方人民政府有关部门在各自职责范围内负责与医疗器械有关的监督管理工作。

第十条 县级以上地方人民政府对本行政区域内的医疗器械监督管理工作负责，统一领导、组织、协调本行政区域内的医疗器械监督管理工作，建立健全医疗器械监督管理机制。

县级以上地方人民政府应当将医疗器械监督管理工作纳入本级国民经济和社会发展规划，将医疗器械监督管理经费列入本级政府预算，加强医疗器械审评、检验、检查、警戒、稽查执法能力建设，为医疗器械监督管理工作提供保障。

国务院药品监督管理部门对地方医疗器械监督管理工作建立评估制度，强化对地方医疗器械监督管理工作的监督和指导。

第十一条 药品监督管理部门根据科学技术进步和产业发展需要，按规定程序设置或者指定医疗器械专业技术机构，依法承担医疗器械监督管理所需的审评、检验、检查、警戒等工作。

第十二条 国家对医疗器械按照风险程度实行分类管理。

第一类是风险程度低，实行常规管理可以保证其安全、有效的医疗器械。

第二类是具有中度风险，需要严格控制管理以保证其安全、有效的医疗器械。

第三类是具有较高风险，需要采取特别措施严格控制管理以保证其安全、有效的医疗器械。

第十三条 国家建立健全医疗器械数据管理制度，加强数据统计工作，实现数据互通、业务协同、资源共享、服务社会。

国家加强医疗器械监督管理信息化建设，提高在线政务服务水平和监督管理效能。

国务院药品监督管理部门制定统一的医疗器械监管数据管理规范，推进医疗器械监管数据采集、交换、开放和共享。省、自治区、直辖市人民政府药品监督管理部门应当按照国家统一标准规范，实现医疗器械监管信息互通共享。

第十四条 国家建立健全医疗器械唯一标识制度。国务院药品监督管理部门制定医疗器械唯一标识编码规则，会同国务院卫生健康主管部门、国务院医疗保障行政部门建立协同工作机制，根据医疗器械产品风险程度，分步实施医疗器械唯一标识制度。

第十五条 国家支持医疗器械监管科学研究与应用，鼓励监管科学与高等教育、产业发展相结合，创新监管工具、标准、方法，推动医疗器械监管体系和监管能力现代化。

第十六条 医疗器械行业协会应当加强行业自律，建立健全行业规范，推进行业诚信建设，履行社会责任，引导和督促企业依法开展研制、生产、经营、使用等活动。

鼓励医疗器械行业协会加强学术交流，推进示范建设，推动科技创新。鼓励符合资质要求的社会专业技术机构为医疗器械研制、生产、经营、使用等活动提供相关技术服务。

第十七条 各级人民政府及其有关部门、医疗器械行业协会等应当加强医疗器械安全宣传教育，开展医疗器械安全法律法规等知识的普及工作。

新闻媒体应当开展医疗器械安全法律法规等知识的公益宣传，并对医疗器械违法行为进行舆论监督。有关医疗器械的宣传报道应当全面、科学、客观、公正。

第十八条 对在医疗器械研制、生产、经营、使用和监督管理工作中做出突出贡献的单位和个人，按照国家有关规定给予表彰、奖励。

第十九条 国家鼓励开展医疗器械科技创新国际交流，加强医疗器械监管国际合作，推动医疗器械监管的国际协同与信赖。

支持医疗器械企业开拓国际市场。鼓励第三方机构建立健全进出口法律咨询、检测、认证、知识产权等服务保障体系，促进产业国际化发展。

第二章 医疗器械标准和分类

第二十条 制定医疗器械标准，应当以保障公众身体健康和生命安全为宗旨，做到科学、严谨、规范、适用。

第二十一条 对保障人体健康和生命安全的技术要求，应当制定为强制性医疗器械国家标准。强制性医疗器械国家标准向社会公开，供公众免费查阅。

对满足基础通用、与强制性医疗器械国家标准配套、对医疗器械产业起引领作用等需要的技术要求，可以制定推荐性医疗器械国家标准。

医疗器械产品应当符合强制性医疗器械国家标准。没有强制性医疗器械国家标准的，鼓励采用推荐性医疗器械国家标准。

第二十二条 国务院药品监督管理部门会同国务院标准化行政主管部门组建国家医疗器械标准委员会，统一负责医疗器械标准规划的制定和组织实施，统筹管理医疗器械各专业领域标准化技术组织。

第二十三条 制定医疗器械国家标准，应当在科学技术研究成果和社会实践经验的基础上，参考相关国际标准，深入调查论证，广泛征求意见，保证标准的科学性、规范性、时效性，提高标准质量。

第二十四条 鼓励企业、科研机构、行业协会等各相关方积极参与医疗器械国家标准制修订工作，鼓励医疗器械企业作为第一起草单位牵头开展推荐性医疗器械国家标准起草、验证等工作。

第二十五条 国务院药品监督管理部门积极参与国际标准化活动，开展标准化对外合作与交流，参与制定国际标准，结合国情采用国际标准，推进中国标准与国际标准之间的转化运用。鼓励企业、社会团体和科研机构等参与国际标准化活动。

对于尚未转化为我国医疗器械国家标准的国际标准，鼓励医疗器械注册申请人、备案人结合产品情况积极采用并实施高于相关强制性医疗器械国家标准的国际标准。

第二十六条 强制性医疗器械国家标准发布后实施前，医疗器械注册人、备案人可以选择执行原强制性医疗器械国家标准或者新强制性医疗器械国家标准。

第二十七条 国务院药品监督管理部门建立医疗器械标准实施评价机制，定期对医疗器械标准跟踪评价，并根据评价结果及时组织修订医疗器械国家标准。

第二十八条 医疗器械标准样品是医疗器械检验检测中的实物标准，其管理应当符合国务院药品监督管理部门有关规定。

第二十九条 国务院药品监督管理部门根据医疗器械风险程度制定医疗器械的分类规则和分类目录，并根据医疗器械生产、经营、使用情况，及时对医疗器械的风险变化进行分析、评价，对分类规则和分类目录进行调整。评价医疗器械风险程度，应当考虑医疗器械的预期目的、结构特征、使用方法等因素。

制定、调整分类规则和分类目录，应当充分听取医疗器械注册人、备案人、生产企业、经营企业、使用单位、行业组织等的意见，并参考国际医疗器械分类实践。医疗器械分类规则和分类目录应当向社会公布。

第三十条 药品监督管理部门向医疗器械注册申请人、备案人等提供医疗器械分类界定服务。

对新研制的尚未列入分类目录的医疗器械，申请人可以依照本法有关第三类医疗器械产品注册的规定直接申请产品注册，也可以向国务院药品监督管理部门申请分类界定。

直接申请第三类医疗器械产品注册的，国务院药品监督管理部门应当按照风险程度确定类别。对准予注册的医疗器械，国务院药品监督管理部门应当及时纳入分类目录。

申请分类界定的，药品监督管理部门应当根据分类规则等对申请的医疗器械类别进行判定，并及时公开分类界定信息；符合分类目录动态调整要求的，国务院药品监督管理部门应当及时调整分类目录。

第三十一条 国务院药品监督管理部门设立医疗器械分类技术委员会，为医疗器械分类管理工作提供技术支撑。

第三十二条 医疗器械应当使用通用名称。通用名称应当符合国务院药品监督管理部门制定的医疗器械通用名称命名规则。

国务院医疗保障行政部门的医保通用名、海关进出口编码名称应当与医疗器械通用名称相协调。

第三十三条 医疗器械说明书和标签应当涵盖该产品安全有效的基本信息，内容应当与经注册或者备案的相关内容一致。

可以由消费者个人自行使用的医疗器械应当具有安全使用的特别说明，并在标签中予以明示或者作出特殊标识。

医疗器械说明书、标签应当符合国务院药品监督管理部门制定的医疗器械说明书和标签管理要求，确保真实、准确、清晰、容易辨识。医疗器械注册人、备案人根据产品风险和使用特点，可以提供纸质或者电子说明书。

医疗器械注册人、备案人应当主动向社会公开经药品监督管理部门批准或者备案的说明书内容。

第三章　医疗器械研制

第三十四条　医疗器械研制应当考虑现有公认技术水平，确保产品所有已知和可预见风险以及非预期影响最小化并可接受。

第三十五条　医疗器械研制，应当结合产品临床使用需求、技术特征、识别的预期和非预期危害开展非临床研究，确保产品质量稳定，满足适用范围和技术特征要求。医疗器械非临床研究过程中确定的功能性、安全性指标以及方法应当与产品预期使用条件、目的相适应，研究样品应当具有代表性和典型性。

医疗器械非临床研究应当遵守国务院药品监督管理部门的非临床研究管理要求。

第三十六条　医疗器械产品注册应当进行临床评价。进行医疗器械临床评价，可以根据产品特征、临床风险、已有临床数据等情形，通过开展临床试验，或者通过对同品种医疗器械临床试验数据、临床经验数据、临床文献资料，包括真实世界数据等进行分析评价，证明医疗器械安全、有效。

按照国务院药品监督管理部门的规定，进行医疗器械临床评价时，已有临床文献资料、临床数据不足以确认医疗器械安全、有效的，应当开展临床试验。

国务院药品监督管理部门应当制定医疗器械临床评价指南。

第三十七条　符合下列情形之一的，可以免于临床评价：

（一）工作机理明确、设计定型，生产工艺成熟，已上市的同品种医疗器械临床应用多年且无严重不良事件记录，不改变常规用途的；

（二）其他无需通过临床评价能够证明该医疗器械安全、有效的。

免于进行临床评价的医疗器械目录由国务院药品监督管理部门制定、调整并公布。

第三十八条 开展医疗器械临床试验，应当遵守临床试验质量管理规范。

医疗器械临床试验机构实行备案管理。

医疗器械临床试验机构应当具备的条件以及备案管理办法和临床试验质量管理规范，由国务院药品监督管理部门会同国务院卫生健康主管部门制定并公布。

第三十九条 开展医疗器械临床试验，应当向临床试验申办者所在地省、自治区、直辖市人民政府药品监督管理部门备案。第三类医疗器械临床试验对人体具有较高风险的，应当经国务院药品监督管理部门批准。

临床试验对人体具有较高风险的第三类医疗器械目录由国务院药品监督管理部门制定、调整并公布。

国务院药品监督管理部门审批临床试验，应当对临床试验实施方案等进行综合分析，在 30 个工作日内作出决定并通知临床试验申办者；逾期未通知的，视为同意。准予开展临床试验的，应当通报临床试验机构所在地省、自治区、直辖市人民政府药品监督管理部门和卫生健康主管部门。

第四十条 省级以上人民政府药品监督管理部门负责医疗器械临床试验的监督管理，对临床试验机构和临床试验项目开展监督检查。卫生健康主管部门在职责范围内加强对医疗器械临床试验的管理。

第四十一条 国家支持医疗机构开展临床试验，加强医疗器械临床试验机构能力建设，将临床试验条件和能力评价纳入医疗机构等级评审，鼓励医疗机构开展创新医疗器械临床试验。

第四十二条 开展医疗器械临床试验，应当按照规定进行伦理审查，向受试者告知试验目的、用途和可能产生的风险等详细情况，获得受试者的书面知情同意；受试者为无民事行为能力人或者限制民事行为能力人的，应当依法获得其监护人的书面知情同意。

开展临床试验收集个人信息的，应当按照《中华人民共和国个人信息保护法》的规定进行处理。受试者退出临床试验或者撤回同意处理个人信息的，相关信息在临床试验基本文件保存期限内可继续处理。

开展临床试验，不得以任何形式向受试者收取与临床试验有关的费用。

第四十三条 在我国境内开展多中心临床试验的，经临床试验牵头机构伦理审查后，其他参加机构的伦理审查委员会可以采用简易程序对牵头机构的伦理审查意见予以确认。鼓励地方人民政府加强区域伦理审查能力建设，推进区域伦理审查结果互认。

鼓励开展医疗器械国际多中心临床试验，境外临床试验应当在有临床试验质量管理的国家（地区）开展，并且符合我国医疗器械临床试验相关监管要求。境外试验数据科学、完整、充分，符合我国注册要求的，可以用于医疗器械注册申请。

第四十四条 对开展临床试验的用于诊断或者治疗严重危及生命且尚无有效治疗手段的疾病的医疗器械，经医学观察可能使患者获益的，经伦理审查、知情同意后，可以在开展医疗器械临床试验的机构内免费用于其他病情相同的患者，其安全性数据可以用于医疗器械注册申请。

第四十五条 第一类医疗器械实行产品备案管理，第二类、第三类医疗器械实行产品注册管理。

第四十六条 第一类医疗器械产品备案，由备案人向所在地设区的市级人民政府药品监督管理部门提交备案资料。向我国境内出口第一类医疗器械的境外备案人，由其指定我国境内已取得医疗器械生产或者经营许可的企业法人作为境内责任人，向国务院药品监督管理部门提交备案资料。

国务院药品监督管理部门负责建立全国备案管理平台，备案人在备案管理平台上向相应药品监督管理部门提交符合本法规定的备案资料后即完成备案。药品监督管理部门应当自收到备案资料之日起 5 个工作日内，通过国务院药品监督管理部门在线政务服务平台向社会公布备案有关信息。

产品完成备案后，药品监督管理部门按规定对备案资料进行审查，审查发现备案资料不符合要求的，按照本法相关规定处理。

备案资料载明的事项发生变化的，应当向原备案部门变更备案。

备案人不再生产、销售备案产品的，应当主动取消备案。

第四十七条 申请第二类医疗器械产品注册，注册申请人应当向所在地省、自治区、直辖市人民政府药品监督管理部门提交注册申请资料。申请第三类医疗器械产品注册，注册申请人应当向国务院药品监督管理部门提交注册申请资料。

向我国境内出口第二类、第三类医疗器械的境外注册申请人，由其指定我国境内已取得医疗器械生产或者经营许可的企业法人作为境内责任人，向国务院药品监督管理部门提交注册申请资料。

国务院药品监督管理部门应当对医疗器械注册审查程序和要求作出规定，并加强对省、自治区、直辖市人民政府药品监督管理部门注册审查工作的监督指导。

第四十八条 第一类医疗器械产品备案应当提交产品技术要求、产品检验报告、产品说明书以及标签样稿、与产品研制和生产有关的质量管理体系文件以及证明产品安全、有效所需的其他资料。

申请第二类、第三类医疗器械产品注册，应当提交产品风险分析资料、产品技术要求、产品检验报告、临床评价资料、产品说明书以及标签样稿、与产品研制和生产有关的质量管理体系文件以及证明产品安全、有效所需的其他资料。

符合本法第三十七条规定的免于进行临床评价情形的，可以免于提交临床评价资料。

医疗器械注册申请人、备案人应当确保提交的资料合法、真实、准确、完整和可追溯。

第四十九条 产品检验报告应当符合国务院药品监督管理部门的要求，可以是医疗器械注册申请人、备案人的自检报告，也可以是委托有资质的医疗器械检验机构出具的检验报告。

第五十条 对申请第二类、第三类医疗器械注册的，药品监督管理部门应当组织进行技术审评，对医疗器械的安全性、有效性和质量可控性进行审查。

受理注册申请的药品监督管理部门应当自受理注册申请之日起3个工作日内将注册申请资料转交技术审评机构。技术审评机构应当在完成技术审评后，将审评意见提交受理注册申请的药品监督管理部门作为审批的依据。

受理注册申请的药品监督管理部门在组织医疗器械技术审评时认为有必要对质量管理体系和临床试验现场进行核查的，应当组织开展注册核查。

第五十一条 受理注册申请的药品监督管理部门应当自收到审评意见之日起20个工作日内作出决定。对符合条件的，准予注册并发给医疗器械注册证；不符合条件的，不予注册并书面说明理由。

受理注册申请的药品监督管理部门应当自医疗器械准予注册之日起5个工作日内，通过国务院药品监督管理部门在线政务服务平台向社会公布注册有关信息。

第五十二条 对具有核心技术发明专利，产品主要工作原理或者作用机理为国内首创，技术上处于国际领先水平，且具有显著的临床应用价值的创新医疗器械实施特别审查。

对诊断或者治疗罕见病、恶性肿瘤、老年人特有和多发疾病的医疗器械，专用于儿童的医疗器械，或者临床急需且在我国尚无同品种产品获准注册或者使用数量较少的医疗器械，以及列入国家科技攻关、重点行动计划等的医疗器械实施优先审评审批。

第五十三条 对突发公共卫生事件应急所需且在我国境内尚无同类

产品上市，或者虽在我国境内已有同类产品上市但产品供应不能满足突发公共卫生事件应急处理需要的医疗器械实施应急审批。

出现特别重大突发公共卫生事件或者其他严重威胁公众健康的紧急事件，国务院卫生健康主管部门、疾病预防控制部门根据预防、控制事件的需要提出紧急使用医疗器械的建议，经国务院药品监督管理部门组织论证同意后，可以在一定范围和期限内紧急使用。

第五十四条 对用于治疗罕见疾病、严重危及生命且尚无有效治疗手段的疾病和应对公共卫生事件等急需的医疗器械，受理注册申请的药品监督管理部门可以作出附条件批准决定，并在医疗器械注册证中载明相关事项。

第五十五条 医疗器械注册人、备案人应当持续对已上市医疗器械开展研究，不断提升质量安全水平。

对附条件批准的医疗器械，医疗器械注册人应当采取相应风险管理措施，并在规定期限内按照要求完成相关研究；医疗器械注册人逾期未按照要求完成研究或者不能证明其受益大于风险的，应当及时申请办理医疗器械注册证注销手续，药品监督管理部门也可以依法注销医疗器械注册证。

第五十六条 医疗器械注册证有效期为 5 年。有效期届满需要延续注册的，应当在有效期届满前 12 个月至 6 个月期间向原注册部门提出延续注册的申请。有下列情形之一的，不予延续注册：

（一）未在规定期限内提出延续注册申请；

（二）新的强制性医疗器械国家标准发布实施，申请延续注册的医疗器械不能达到新要求；

（三）附条件批准的医疗器械，未在规定期限内完成医疗器械注册证载明事项。

接到延续注册申请的药品监督管理部门应当在医疗器械注册证有效期届满前作出准予延续的决定。逾期未作决定的，视为准予延续。

第五十七条 对已注册的第二类、第三类医疗器械产品发生的变更，按照其对医疗器械安全性、有效性和质量可控性的风险和产生影响的程度，实行分类管理。

医疗器械注册人应当全面评估、验证变更事项对医疗器械的影响，其设计、原材料、生产工艺、适用范围、使用方法等发生实质性变化，有可能影响该医疗器械安全、有效的，注册人应当向原注册部门申请办理变更注册手续；发生其他变化的，应当按照国务院药品监督管理部门的规定备案或者报告。

第五十八条 经药品监督管理部门批准，医疗器械注册人可以转让医疗器械注册证。受让方应当具备保障医疗器械安全性、有效性和质量可控性的质量管理和风险防控等能力，并履行医疗器械注册人义务。

第五十九条 国务院药品监督管理部门应当根据国家战略需要合理配置审评资源，加强对审评区域分中心以及省、自治区、直辖市人民政府药品监督管理部门审评工作的监督指导，建立健全审评质量管理体系，全面提升医疗器械审评审批能力。

国务院药品监督管理部门对省、自治区、直辖市人民政府药品监督管理部门的审评机构和审评人员能力开展评价，建立科学的考核评价机制；审评机构和审评人员能力不足的，可以采取暂停审评等措施予以纠正。发现审评审批工作不符合要求的，报国务院同意后，可以对省、自治区、直辖市人民政府药品监督管理部门审批权限进行调整。

国务院药品监督管理部门应当对医疗器械注册审查程序和要求作出规定，完善医疗器械审评审批工作制度，建立健全沟通交流、专家咨询等机制，优化审评审批流程，提高审评审批效率。

批准上市医疗器械的审评结论和依据应当依法公开，接受社会监督。

第四章　医疗器械生产

第六十条　医疗器械注册人、备案人可以自行生产医疗器械，也可以委托符合本法规定、具备相应条件的企业生产医疗器械。

具有高风险的植入性医疗器械不得委托生产，具体目录由国务院药品监督管理部门制定、调整并公布。

第六十一条　从事医疗器械生产活动，应当具备下列条件：

（一）有与生产的医疗器械相适应的专业技术人员和管理人员；

（二）有与生产的医疗器械相适应的厂房、设施设备和环境条件；

（三）有能对生产的医疗器械进行质量检验的机构、人员以及检验设备；

（四）有保证医疗器械质量的管理制度；

（五）有与所生产医疗器械相适应的售后服务能力。

第六十二条　从事第一类医疗器械生产的，应当向所在地设区的市级人民政府药品监督管理部门备案，在提交符合本法第六十一条规定条件的有关资料后即完成备案。

从事第二类、第三类医疗器械生产的，应当向所在地省、自治区、直辖市人民政府药品监督管理部门申请生产许可并提交其符合本法第六十一条规定条件的有关资料以及所生产医疗器械的注册证。受理生产许可申请的药品监督管理部门应当对申请资料进行审核，按照医疗器械生产质量管理规范的要求进行核查，并自受理申请之日起20个工作日内作出决定。现场核查和企业整改时间不计入审核时限。

医疗器械生产许可证有效期为5年。有效期届满需要延续的，依照有关行政许可的法律规定办理延续手续。

第六十三条　医疗器械注册人、备案人、受托生产企业应当按照医疗器械生产质量管理规范，建立健全与所生产医疗器械相适应的质量管理体系并保持其有效运行；严格按照强制性标准以及经注册或者备案的产品技术要求组织生产，保证出厂的医疗器械符合强制性标准以及经注册或者备案的产品技术要求。

医疗器械生产质量管理规范应当对医疗器械的设计开发、生产设备条件、原材料采购、生产过程控制、产品放行、企业的机构设置和人员配备等事项作出规定。

第六十四条 医疗器械生产企业的法定代表人、主要负责人对本企业的生产活动全面负责。医疗器械注册人、备案人委托生产的，其法定代表人、主要负责人对本企业的生产质量管理活动全面负责。

医疗器械注册人、备案人和受托生产企业的法定代表人或者主要负责人应当指定所在企业全职高级管理人员作为管理者代表，履行建立、实施并保持质量管理体系有效运行等职责。

第六十五条 医疗器械注册人、备案人和受托生产企业应当根据所生产产品的特性，对从事影响产品质量工作的人员的健康进行管理，并建立健康档案。

第六十六条 医疗器械注册人、备案人、受托生产企业应当加强采购管理，建立供应商审核和原材料采购验收制度，对供应商定期进行评价，对原材料逐批进行验收，确保采购的产品和服务符合相关要求。

第六十七条 医疗器械生产企业应当建立生产过程控制程序，明确操作人员、生产设备、生产工艺、生产环境等相关要求。

医疗器械生产企业应当基于风险管理的原则确定验证或者确认的范围和程度，采用经过验证或者确认的生产工艺、操作规程和检验方法进行生产和检验。

第六十八条 委托生产医疗器械的，医疗器械注册人、备案人应当对受托生产企业的质量保证和风险管理能力进行评估，对受托生产企业生产行为进行管理，保证其按照法定要求进行生产。受托生产企业应当对生产行为负责，并接受委托方的监督。医疗器械注册人、备案人与受托生产企业应当签订委托协议，明确双方权利、义务和责任。

第六十九条 医疗器械注册人、备案人应当建立产品上市放行规程，明确放行标准、条件，对医疗器械生产过程记录和质量检验结果进行审核；符合标准和条件的，经授权的放行人员签字后方可上市。委托生产的，医疗器械注册人、备案人应当对受托生产企业的生产放行规程进行审核，并对受托生产企业每一批次产品的生产放行进行审核。

第七十条 医疗器械注册人、备案人、受托生产企业应当建立记录管理制度，对生产、质量控制等活动进行记录，确保记录真实、准确、完整和可追溯。

鼓励医疗器械注册人、备案人、受托生产企业采用先进技术手段，建立信息化管理系统，加强对生产过程的管理。

第七十一条 医疗器械注册人、备案人、受托生产企业应当在开始生产30日内分别向各自所在地药品监督管理部门报告。

医疗器械生产企业连续停产一年以上且无同类产品在产的，重新生产时，应当进行必要的验证和确认，并书面报告药品监督管理部门。可能影响质量安全的，药品监督管理部门可以根据需要组织核查。

医疗器械生产条件发生变化，不再符合医疗器械质量管理体系要求的，医疗器械注册人、备案人、受托生产企业应当立即采取整改措施；可能影响医疗器械安全、有效的，应当立即停止生产活动，并向原生产许可或者生产备案部门报告。

医疗器械注册人、备案人、受托生产企业应当定期对质量管理体系的运行情况进行自查，并按照国务院药品监督管理部门的规定提交自查报告。鼓励医疗器械注册人、备案人、受托生产企业委托符合资质要求的社会第三方专业技术机构对质量管理体系的运行情况进行评价。

第五章　医疗器械经营

第七十二条　从事医疗器械经营活动，应当依照法律、法规和医疗器械经营质量管理规范等要求，建立健全与所经营医疗器械相适应的质量管理体系，保证医疗器械经营全过程持续符合法定要求。

医疗器械经营企业的法定代表人、主要负责人对本企业的医疗器械经营活动全面负责。

医疗器械经营企业应当配备与经营范围和经营规模相适应的质量负责人和质量管理人员等关键岗位人员，明确职责，加强培训，并为其充分履行职责提供必要保障。

第七十三条　医疗器械经营质量管理规范应当对医疗器械经营企业的质量管理体系建立与改进，职责与制度，机构、人员与培训，设施与设备，采购、收货与验收，入库、贮存与检查，销售、出库与运输，售后服务等作出明确规定。

第七十四条　从事医疗器械经营活动，应当有与经营规模和经营范围相适应的经营场所和贮存条件，以及与经营的医疗器械相适应的质量管理制度和质量管理机构或者人员。

第七十五条　从事第二类医疗器械经营，应当按照国务院药品监督管理部门的规定向所在地设区的市级人民政府药品监督管理部门备案。

按照国务院药品监督管理部门的规定，对产品安全性、有效性不受流通过程影响的第二类医疗器械，可以免于经营备案。

第七十六条　从事第三类医疗器械经营，应当按照国务院药品监督管理部门的规定向所在地设区的市级人民政府药品监督管理部门申请经营许可。

受理经营许可申请的药品监督管理部门应当对申请资料进行审核，必要时组织核查，并自受理申请之日起 20 个工作日内作出决定。对符合规定条件的，准予许可并发给医疗器械经营许可证；不符合规定的，不予许可并书面说明理由。

医疗器械经营许可证有效期为5年。有效期届满需要继续经营的，应当依照行政许可有关法律规定办理延续手续。在许可期限内未受到药品监督管理部门警告以上行政处罚的，医疗器械经营企业可以提交符合医疗器械质量管理体系要求的自查报告，申请直接换发新证；药品监督管理部门在监督检查中发现医疗器械经营企业不符合法定要求的，可以撤销医疗器械经营许可证。

第七十七条 医疗器械注册人、备案人可以自行销售其注册、备案的医疗器械，也可以委托符合条件的医疗器械经营企业销售。医疗器械注册人、备案人在其住所或者生产地址销售其注册、备案的医疗器械，无需办理医疗器械经营许可或者备案，但应当符合本法规定的经营条件；在其他场所贮存并销售医疗器械的，应当按照本法规定办理医疗器械经营许可或者备案。

第七十八条 医疗器械经营企业应当从具备合法资质的医疗器械注册人、备案人、生产企业、经营企业购进医疗器械。购进医疗器械时，应当查验供货者的资质和医疗器械的合格证明文件，建立执行进货记录制度。

从事第二类、第三类医疗器械批发业务以及第三类医疗器械零售业务的经营企业，还应当建立执行销售记录制度。

进货和销售记录应当真实、准确、完整和可追溯，并按照国务院药品监督管理部门规定的期限予以保存。国家鼓励采用先进技术手段进行记录。

第七十九条 医疗器械经营企业应当建立执行医疗器械运输、贮存制度，运输、贮存医疗器械应当符合医疗器械说明书和标签标示的要求；对温度、湿度等环境条件有特殊要求的，应当采取相应措施，保证医疗器械的安全、有效。

第八十条 医疗器械注册人、备案人和经营企业委托其他单位运输、贮存医疗器械的，应当对受托方运输、贮存医疗器械的质量保障能力进行评估，并与其签订委托协议，明确运输、贮存过程中的质量责任，确保运输、贮存过程符合经营质量管理规范的相关要求。

专门提供运输、贮存服务的医疗器械经营企业，应当具备与产品运输、贮存条件和规模相适应的设备设施，具备实现产品经营质量管理全过程可追溯的信息管理平台和技术手段。

受托贮存医疗器械的企业不得再次委托贮存。

第八十一条 从事医疗器械网络销售的，应当是医疗器械注册人、备案人或者医疗器械经营企业。

医疗器械网络销售经营者应当将从事医疗器械网络销售的相关信息告知所在地设区的市级人民政府药品监督管理部门，经营第一类医疗器械和免于备案的第二类医疗器械的除外。医疗器械网络销售应当遵守本法医疗器械经营的有关规定。具体管理办法由国务院药品监督管理部门制定。

医疗器械网络销售经营者应当在其医疗器械网络销售活动首页显著位置，持续公示其取得的医疗器械注册证、经营许可证或者备案信息；在其医疗器械产品销售页面持续公示该产品的医疗器械注册证或者备案信息。相关信息发生变更的，应当及时更新公示信息。

第八十二条 为医疗器械网络交易提供服务的电子商务平台经营者应当按照国务院药品监督管理部门的规定，向所在地省、自治区、直辖市人民政府药品监督管理部门备案，并在其首页显著位置，持续公示备案信息，具体管理办法由国务院药品监督管理部门制定。

第八十三条 医疗器械电子商务平台经营者应当依法对申请进入平台的医疗器械网络销售经营者进行实名登记，审核其医疗器械经营许可、备案情况和所经营医疗器械产品注册、备案情况等，保证其符合法定要求。

医疗器械电子商务平台经营者应当对发生在平台的医疗器械网络销售行为进行管理，发现平台内医疗器械网络销售经营者有违反本法规定行为的，应当及时制止，并立即报告所在地设区的市级人民政府药品监督管理部门；发现严重违法行为的，应当立即停止提供网络交易平台服务。

第八十四条　医疗器械电子商务平台经营者应当记录其履行本法规定义务情况。其中，对平台内医疗器械网络销售经营者核验与登记档案记录的保存时间，自医疗器械网络销售经营者退出平台之日起不少于3年；对发生在平台的医疗器械网络销售行为管理记录的保存时间，自交易完成之日起不少于5年。相关记录应当真实、准确、完整、可追溯，涉及植入类医疗器械的记录应当永久保存。

第八十五条　医疗器械网络销售经营者、医疗器械电子商务平台经营者应当遵守法律、法规和医疗器械网络销售质量管理规范等要求，确保网络交易过程持续合规。

国家建立医疗器械网络交易监测平台，开展医疗器械网络销售和网络交易监测与处置，对监测发现的涉嫌违法信息，及时转送相关部门。

第八十六条　医疗器械广告的内容应当真实合法，不得含有虚假、夸大、误导性的内容，并应当以药品监督管理部门注册或者备案的医疗器械说明书为准。

发布医疗器械广告，应当在发布前由医疗器械注册人、备案人或者进口医疗器械境内责任人所在地省、自治区、直辖市人民政府确定的广告审查机关对广告内容进行审查，并取得医疗器械广告批准文号；未经审查，不得发布。

省级以上人民政府药品监督管理部门责令暂停生产、经营、进口和使用的医疗器械，在暂停期间不得发布涉及该医疗器械的广告。

医疗器械广告的审查办法由国务院市场监督管理部门制定。

第六章　医疗器械进出口

第八十七条　进口的医疗器械应当是依照本法规定已注册或者已备案的医疗器械。

进口的医疗器械应当有中文说明书、中文标签。说明书、标签应当符合本法以及相关强制性标准的要求，并在说明书中载明医疗器械的原产地以及境外医疗器械注册人、备案人指定的我国境内责任人的名称、地址、联系方式等。没有中文说明书、中文标签或者说明书、标签不符合本法规定的，不得进口。

第八十八条　进口医疗器械境内责任人应当履行下列义务：

（一）开展进口医疗器械的上市后风险管控；

（二）承担进口医疗器械相关不良事件监测和报告，配合药品监督管理部门、医疗器械警戒技术机构开展不良事件调查和处置；

（三）组织实施进口医疗器械在中国境内的召回；

（四）协助进口医疗器械注册人、备案人开展产品上市后研究；

（五）协助进口医疗器械注册人、备案人依法建立与产品相适应的质量管理体系并保持有效运行；

（六）协助药品监督管理部门开展对进口医疗器械注册人、备案人的检查和违法行为查处，代表进口医疗器械注册人、备案人签收相关法律文书；

（七）负责药品监督管理部门与进口医疗器械注册人、备案人之间的联络，及时向进口医疗器械注册人、备案人告知相关法律法规和技术方面的要求；

（八）国务院药品监督管理部门规定的其他义务。

进口医疗器械注册人、备案人应当为进口医疗器械境内责任人履行上述义务提供必要的支持。

进口医疗器械境内责任人与进口医疗器械注册人、备案人承担连带责任。

第八十九条 进口医疗器械的，应当凭医疗器械注册证或者备案编号和进口医疗器械境内责任人出具的书面授权向海关办理通关手续。进口医疗器械境内责任人应当确认进口医疗器械的产品名称、规格型号、进口数量、进口口岸等基本信息。

海关商品编号应当与医疗器械分类目录相衔接，海关依法对进口的医疗器械实施检验。检验不合格和已使用过的医疗器械，不得进口，已进口医疗器械境外维修后复运入境或者已出口医疗器械入境维修的除外。

国务院药品监督管理部门应当及时向海关总署通报进口医疗器械的注册和备案情况，进口口岸所在地海关应当及时向所在地设区的市级人民政府药品监督管理部门通报进口医疗器械的通关数据和相关情况。

国家加强进口医疗器械通关信息化建设，用于进口医疗器械通关管理。

第九十条 医疗机构因临床急需或者诊断、治疗罕见疾病进口少量第二类、第三类医疗器械的，经国务院药品监督管理部门或者国务院授权的省、自治区、直辖市人民政府批准，可以进口。进口的医疗器械应当在指定医疗机构内用于特定医疗目的。

第九十一条 开展跨境电子商务零售进口医疗器械的，应当指定在中国境内依法设立的企业法人作为境内服务商，严格按照国家有关规定开展经营活动。未指定境内服务商的，相关医疗器械不予通关。

允许跨境电子商务零售进口的医疗器械目录由国务院财政部门、商务主管部门会同有关部门制定。电子商务平台、网站、网页、互联网应用程序等不得为目录外的未在境内注册或者备案的医疗器械，提供信息展示、链接等服务。

第九十二条 国务院药品监督管理部门依法暂停进口医疗器械的，

应当及时通报海关总署。海关应当及时采取停止通关等措施。

第九十三条 出口医疗器械的企业应当保证其出口的医疗器械符合进口国（地区）的要求。

第七章 医疗器械使用

第九十四条 医疗器械使用单位应当建立并执行医疗器械质量和使用行为管理制度，合理、规范使用医疗器械，保障医疗器械使用安全。

医疗器械使用单位法定代表人、主要负责人对本单位医疗器械使用质量和使用行为全面负责。

第九十五条 医疗器械使用单位配置大型医用设备，应当符合国务院卫生健康主管部门制定的大型医用设备配置规划，与其功能定位、临床服务需求相适应，具有相应的技术条件、配套设施和具备相应资质、能力的专业技术人员，并经省级以上人民政府卫生健康主管部门批准，取得大型医用设备配置许可证。

卫生健康主管部门应当对大型医用设备的使用状况进行监督和评估；发现违规使用大型医疗设备的，应当立即纠正，依法予以处理。

大型医用设备配置管理办法由国务院卫生健康主管部门会同国务院有关部门制定。大型医用设备目录由国务院卫生健康主管部门商国务院有关部门提出，报国务院批准后执行。

第九十六条 医疗器械使用单位应当从具备合法资质的医疗器械注册人、备案人、经营企业采购医疗器械。采购医疗器械时，应当查验供货者的资质和医疗器械的合格证明文件，建立采购、验收记录制度。采购第三类医疗器械的，医疗器械使用单位应当妥善保存医疗器械的原始资料。采购、验收记录和相关资料应当真实、准确、完整和可追溯，并按照国务院药品监督管理部门规定的期限予以保存。

医疗器械使用单位应当指定专门部门或者人员统一采购医疗器械，

其他部门或者人员不得自行采购。

第九十七条 医疗器械使用单位应当有与在用医疗器械品种、数量相适应的贮存场所和条件，建立贮存管理制度，按照医疗器械说明书和标签标示的贮存条件贮存并定期检查；对温度、湿度等环境条件有特殊要求的，应当采取相应措施，保证医疗器械的安全、有效。

医疗器械使用单位委托贮存的，应当委托专门提供贮存服务的医疗器械经营企业并加强管理，确保质量安全。

第九十八条 医疗器械使用单位应当遵循安全、有效、经济的原则，采用与患者疾病相适应的医疗器械进行诊疗活动，加强对工作人员的技术培训，按照诊疗指南、产品说明书、技术操作规范等合理使用医疗器械；需要向患者说明医疗器械临床使用相关事项的，应当如实告知，不得隐瞒或者虚假宣传，误导患者。

在尚无有效或者更好治疗手段等特殊情况下，医师取得患者明确知情同意后，可以采用医疗器械说明书中未明确但具有循证医学证据的医疗器械用法实施治疗。医疗器械使用单位应当建立管理制度，对医疗器械使用的适宜性进行监测评价，指导临床合理使用。

第九十九条 医疗器械使用单位对需要定期检查、检验、校准、保养、维护的医疗器械，应当按照产品说明书的要求进行检查、检验、校准、保养、维护，及时分析、评估医疗器械使用状态，保障安全使用。

医疗器械使用单位应当与供货者约定医疗器械保养、维护、维修服务的提供方。医疗器械保养、维护、维修服务可以按照约定由医疗器械注册人、备案人、经营企业提供，也可以由医疗器械使用单位自行开展或者委托有条件和能力的维修服务机构提供。医疗器械使用单位自行或者委托开展保养、维护、维修的，医疗器械注册人、备案人、经营企业应当提供维护维修手册、软件备份、维修密码等保养、维护、维修必需的材料和信息。

医疗器械使用单位应当对医疗器械检查、检验、校准、保养、维护、维修等予以记录。

第一百条 发现使用的医疗器械存在安全隐患的，医疗器械使用单位应当立即停止使用，并通知医疗器械注册人、备案人或者其他负责产品质量的机构进行检修；经检修后仍不能达到使用安全标准的医疗器械，不得继续使用。

第一百零一条 医疗器械使用单位应当对大型医疗器械逐台建立使用档案，记录其使用、维护、转让、实际使用时间等事项。记录保存期限不得少于医疗器械规定使用期限终止后5年。

医疗器械使用单位使用大型医疗器械以及植入和介入类医疗器械的，应当将医疗器械的名称、唯一标识、关键性技术参数等信息以及与使用质量安全密切相关的必要信息记载到病历等相关记录中。

第一百零二条 一次性使用的医疗器械不得重复使用，对使用过的应当按照国家有关规定销毁并记录。

医疗器械使用单位对重复使用的医疗器械，应当按照国务院卫生健康主管部门、疾病预防控制部门制定的管理和消毒的规定进行处理。

第一百零三条 为满足指定患者的罕见特殊病损情况，在我国已上市产品难以满足临床需求的情况下，符合条件的医疗机构可以与具备相应能力的医疗器械生产企业共同设计和生产定制式医疗器械用于指定患者。医疗机构以及定制式医疗器械生产企业在生产、使用定制式医疗器械前，应当共同向医疗器械生产企业所在地省、自治区、直辖市人民政府药品监督管理部门备案。

医疗机构应当向患者或者其监护人告知使用定制式医疗器械的原因以及使用风险并取得知情同意。定制式医疗器械不得委托生产。

具体管理办法由国务院药品监督管理部门会同国务院卫生健康主管部门制定。

第一百零四条 对国内尚无同品种产品上市的体外诊断试剂，符合条件的医疗机构根据本单位的临床需要，可以自行研制，在执业医师指导下在本单位内使用。具体管理办法由国务院药品监督管理部门会同国务院卫生健康主管部门制定。

第一百零五条 医疗器械使用单位之间转让在用医疗器械的，转让方应当确保所转让的医疗器械安全、有效，不得转让过期、失效、淘汰、翻新以及检验不合格的医疗器械。

第一百零六条 药品监督管理部门和卫生健康主管部门依据各自职责，分别对使用环节的医疗器械质量和医疗器械使用行为进行监督管理。

（来源：民政部网站）

最新法律文件解读丛书

稿　约

最新法律文件解读丛书是一套以为最新法律规范提供同步“解读”为主的系列丛书，分为刑事、民事、商事、行政与执行4个分册，按月出版。

本丛书以“解读”为重点，突出全、专、新、快、准等特点，通过对最新出台的法律、法规、司法解释、部门规章以及重要地方性法规进行同步动态解读，弥补了法律、法规、司法解释汇编类出版物没有同步阐释、解读内容的不足，为广大读者学习理解最新法律规范，正确贯彻执行法律文件，及时解决实践中的新情况、新问题，提供一个全方位、多层面的法律信息平台。

欢迎您向以下栏目赐稿：

【最新法律文件解读】主要是对最新颁行的法律文件进行解读，帮助司法和执法人员正确理解法律文件的立法背景、意义、重点内容、在适用中应注意的问题、与相关法律文件的衔接与互动关系等。

【司法实务问题研究】主要刊登对司法理论、实务及司法管理工作中的热点、疑难问题进行研究及评论的文章。

【新类型疑难案例选评】主要是对司法和行政执法实践中具有典型性和代表性的疑难案例，结合具体案情以及审理或处理结果进行简练精辟的点评，解析认识问题的方法、处理问题的法律依据和在个案中的具体适用。

【法学前沿与新视点】以摘要的形式刊登相关法学理论研究的最新动态及具有代表性和典型性的前沿问题，扩展法学研究的深度和广度。

【法律适用问题解答】主要针对司法和行政执法实践中面临的新问题、热点问题、疑难问题进行简要的解答，指出涉及的法律关系，明确法律适用依据。

稿件一经刊用即付稿酬，稿酬从优。

《刑事法律文件解读》　周　敏　邮箱：xingshijiedu@163.com

《民事法律文件解读》　杨　洁　邮箱：1216921515@qq.com

《商事法律文件解读》　路建华　邮箱：shangshijiedu@126.com

《行政与执行法律文件解读》　丁塞峨　邮箱：1290312696@qq.com

人民法院出版社

最新法律文件解读丛书编辑部